13人の
研究者による
アカデミック
サッカー講義

サッカー 13の視点

大串哲朗・山本敦久・島崎崇史 ［編］

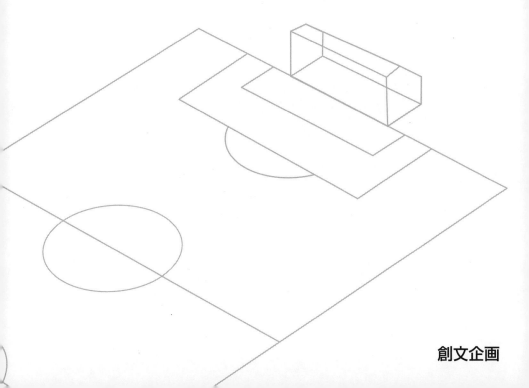

創文企画

はじめに

　本書では、多種多様な学問分野の研究者や専門家たちが、それぞれの分野の理論や視点や切り口を投入してサッカーを論じています。ですから、ひとえにサッカーを論じるといっても、そのなかで扱う題材も多岐にわたります。競技の現場での指導やデータを活用したコーチング、選手のパフォーマンスを支える科学、サッカー用具の開発、スタジアムのファン文化、サッカーの身体性の魅力、サッカーと地域社会を結ぶアイデンティティ、サッカーとナショナリズムの問題点、サッカーイベントを作りあげるビジネスの可能性、サッカーを伝えるメディアの役割、そしてサッカーという世界中の人びとが共有する文化とその歴史性が本書のフィールドとなります。また研究者たちの専門分野もじつに多様です。スポーツ方法学、イギリス文学、ドイツ文学、スポーツ社会学、身体論、メディア研究、イベント学、演劇論、バイオメカニクス、スポーツ心理学、運動生理学、コーチング学といったように、学問領域を横断して多角的にサッカーを考えるというのが本書のスタイルとなっています。

　したがって本書のなかでは、知識や理論や経験を横に繋ぐ＝共有することを大切にしています。それは研究者と読者による共有だけを意味しません。異なった学問分野が相互に視点や問題や課題を共有することも本書の狙いとなっています。同じサッカーを研究の題材とする場合、自然科学の研究者と人文社会科学の研究者が同じ本を書く、あるいは同じ本を読むということはあまりありません。ですが本書のなかでは、バイオメカニクスに興味を持つ人が、歴史学やスポーツ心理学やメディア研究にふれてみることもできます。サッカーの指導やデータ分析に興味のある人が、演劇論や身体論の視座を現場に活用することができるかもしれません。若い読者のみなさんには、まだサッカーに関する情報が乏しかった時代、いまのようなメジャースポーツではなかった時代を知ることで、いまの日本のサッカーのあり方を見つめなおすチャンスにもなるでしょう。

　それぞれの専門性によって細分化された分野の研究者たちが同じ関心のもとに集まって、それぞれの持ち味を発揮して、問題や関心を繋ぎ、共有することは、専門化された分野の「繋ぎなおし」の契機になるでしょう。そのとき、新しいサッカー研究の視点がでてくるかもしれません。そんなことを期待した未来志向の研究導入書が『サッカー 13 の視点　—13 人の研究者によるアカデミックサッカー講義—』になります。

　近年、欧州サッカーを席巻している「ゲーゲンプレス」や「ポジショナルプレ

ー」では、攻撃の専門と守備の専門といった役割やポジションが消滅しつつあります。ピッチ上のすべての選手が絶えず連動し、判断や予測を共有するサッカーが主流となっています。本書におけるスタイルも同様に、専門という役割に閉じこもるのではなく、異なる分野同士が、また多様な関心を持つ研究者同士が連動する知のフィールドというイメージをもって編まれています。もちろん、専門性を突き詰めるという研究の姿勢も本書のなかで存分に展開されています。各論者は、それぞれの分野の先端的な知見や学説もふんだんに導入しています。また、普段はサッカーを専門とはしない研究者が、あえてサッカーを論じることで見えてくることもあるでしょう。そのことによって、サッカー研究にも、専門ではない研究分野にも、新しいフィードバックが生まれるかもしれません。

　このように領域横断性と専門性が融合された本書は、大学生のレポートや卒業論文のヒントを提供するでしょう。また大学院生にとっては、研究を進めるための視座が散りばめられているでしょうし、研究者になるためのモチベーションや将来の指針が示されていると思います。

　また、本書は学問領域以外の読者、あるいはサッカーの現場指導者、現役の選手、サッカーファンの方々にも、サッカーを研究することの楽しさや醍醐味ができる限り伝わるように工夫しています。そのために講義形式を取り入れました。

　本書は、上智大学の大串哲朗元教授がリーダーとなって、2017年度に上智大学で開講された「身体・スポーツ・社会Ⅰ：一流研究者が料理するサッカー・アラカルト」という輪講形式の講義をもとに編まれたものです。サッカーやスポーツの研究を専門とはしない上智大学の一般学生向けの講義であったために、平易な言葉で展開されています。多少難解な語彙や専門外の理論であっても、文脈から推測できるでしょうし、講義で実際に使用した写真やスライドが理解の助けになると思います。白熱した各講義をさらに編集の過程でより深みのある精密な議論に再構成して出来上がったの本書です。

　本書は、大きく分けるなら以下の5パートから構成されています。1. 日本と欧州のサッカーの歴史と発展。2. サッカーが生み出すアイデンティティと社会・文化。3. サッカーを伝えるメディアとサッカービジネスの可能性、あるいはサッカーを演劇という観点から考える。4. 選手のプレーを支える科学、例えばバイオメカニクス、運動生理学、スポーツ心理学からのアプローチ。5. 指導現場とデータ活用。これからのサッカー文化を創り、支える読者のみなさんとともに、未来のサッカーの発展に寄与できれば幸いです。

山本敦久

サッカー 13の視点

13人の研究者によるアカデミックサッカー講義

CONTENTS

日本サッカーのアラカルト
──歴史・競技・社会・文化としてのサッカー──

大串哲朗
元上智大学教授　スポーツ方法学

1. サッカー講義ことはじめ

　これから様々な分野の講師によるサッカーについての講義が始まります。初回の講義では、四半世紀を迎えたJリーグを中心に、日本のサッカーの歩みについてお話しします。

　まず、皆さんが小学生の時に人気のあったスポーツ選手を思い出してください。今から10年ほど前、2008年に「好きなスポーツ選手」について調査した笹川スポーツ財団の調査報告があります。第1位がイチロー選手、2位が同じく野球の松井秀喜選手、3位はフィギュアスケートの浅田真央選手でした。続いて、水泳の北島康介選手が4位、テニスの伊達公子選手が5位に挙げられていました。サッカーでは、中村俊輔選手（5位）、中田英寿選手（10位）、長谷部誠選手（10位）の3名がトップ10にランクインしています。好きなスポーツ選手のトップ10に3名が入っているということは、サッカーはすでに皆さんの小学生時代には人気スポーツの一つだったといえます。

　一方で、私が小学生の時、とても昔のことですが「巨人、大鵬、卵焼き」という有名な言葉がありました。長嶋茂雄、王貞治が活躍し、圧倒的な強さを誇った読売巨人軍、昭和時代を代表する人気力士である横綱大鵬、そして誰もが好きな料理である卵焼き、三つをつなげただけのこの言葉は、当時の流行語でした。その頃はスポーツの話題にサッカーの「サ」の字も出てきませんでした。サッカーは、まだマイナーなスポーツだったのです。

2. 日本サッカー小史

2.1 サッカーの伝来から初の国際試合

　それでは、現在は日本でもメジャーなスポーツとなったサッカーが、どのように日本に伝わり、発展してきたのか、その歩みについて、特に男子サッカーの話を中心に進めていきたいと思います。日本にサッカーが紹介されたのは、明治の初期、富国強兵、産業立国を目指し諸外国から多くの講師や技師を招き、国をあげて海外の知識や技術を吸収しようとした時代です。そんな最中の1873年、現在の築地にあった海軍兵学寮（のちの海軍兵学校）に、イギリスより招聘されたアーチボルド・ルシアス・ダグラス少佐、以下33名の教育団が来日し、彼らが余暇を利用してサッカーをプレーしたのが始まりであるというのが定説になっています。ですが、ダグラス少佐が来日する2年前の1871年3月4日発行の「The Hiogo News」という英字新聞に、在留外国人のフットボールの試合が行われるという告知記事が掲載されていたり、また同時期に、ライメル・ジョーンズという英国人講師が、工学寮（東京大学工学部の前身）にて、生徒とともにサッカーを行っていたという記録も残っていたりします。いずれにしても、これら紹介されたフットボールがアソシエーションフットボール（サッカー）であったのかどうかも含め詳細を明らかにする余地はまだまだ残っていると思われます。

　ただし伝来したフットボールは、一般にはあまり定着しなかったといわれ、当時は、現在のように多くのチームが組織されるような時代ではなかったのです。日本で初めてサッカーチームが組織されたのはダグラス少佐やライメル・ジョーンズの来日から20年以上経た1896年創部の東京高等師範学校フットボール部（現在の筑波大学蹴球部）だといわれています。日本においてサッカーは、この東京高等師範学校を中心に広がっていったといっても過言ではありません。高等師範学校ではサッカーをしていた卒業生が「全国の校庭にサッカーゴールを」を合言葉に学校の教師になり、東京都の豊島師範学校、青山師範学校（現在の東京学芸大学）、広島県の広島師範学校（現在の広島大学）、兵庫県の神戸師範学校（現在の神戸大学）など全国に普及させていきました。

　日本のサッカー選手たちが初めて外国人の選手たちと試合をしたのは1904年、日本側は東京高等師範学校、対戦相手は、現在でも横浜市で活動中の横浜カントリー＆アスレチッククラブです。結果は0対9で大敗を喫しています。初の国際試合は、1917年の第3回極東選手権でした。対戦相手は、中国、フィリピン

の代表チームで、この時も、日本代表は、高等師範学校の選手を中心に編成されていました。試合の結果は、フィリピンに 2 対 15、中国に 0 対 5 と 2 試合ともに大敗を喫しました。

2.2　日本サッカー協会の設立と国際進出・国際交流

　このような歴史の中で、日本サッカーは、細々と競技力向上を目的とした強化を行なってきました。そして 1921 年に現在の日本サッカー協会（Japan Foobool Association:JFA）にあたる大日本蹴球協会が設立されます。設立当時全国には、65 のサッカーチームが組織されていました。それらは東京高等師範学校から全国に広がった、今でいう大学のサッカー部にあたるチームがほとんどでした。

　さらに同年、現在でも行われている天皇杯全日本サッカー選手権大会の第 1 回が開催されました。日本サッカー協会が国際サッカー連盟（FIFA）に加盟したのは、日本サッカー協会が発足してから 8 年後の 1929 年です。サッカー日本代表チームのオリンピックにおけるあゆみの歴史を表 1 に示します。日本代表チー

表 1　サッカー日本代表のオリンピックにおける成績

大会	開催年	男子	女子
ロンドン	1908	不参加（初の正式種目化）	
ベルリン	1936	ベスト 8（日本初出場）	
ロンドン	1948	不参加	
ヘルシンキ	1952	不参加	
メルボルン	1956	初戦敗退	
ローマ	1960	予選敗退	
東京	1964	ベスト 8	
メキシコ	1968	3 位（銅メダル）	
ミュンヘン	1972	予選敗退	
モントリオール	1976	予選敗退	
モスクワ	1980	不参加	
ロサンゼルス	1984	予選敗退	
ソウル	1988	予選敗退	
バルセロナ	1992	予選敗退	
アトランタ	1996	グループリーグ敗退	グループリーグ敗退（初の正式種目化）
シドニー	2000	ベスト 8	予選敗退
アテネ	2004	グループリーグ敗退	ベスト 8
北京	2008	グループリーグ敗退	4 位
ロンドン	2012	4 位	2 位（銀メダル）
リオデジャネイロ	2016	グループリーグ敗退	予選敗退

ムが初めてオリンピックに参加したのは、さらに7年後の1936年ベルリンオリンピックです。このとき日本代表は番狂わせを起こし、優勝候補の一角であったスウェーデンに3対2で勝利しました。スウェーデンでは、時を経た現在でも話題に上るぐらい衝撃的だったといわれています。その後、ロンドンオリンピック（1948年）、ヘルシンキオリンピック（1952年）は不参加、久しぶりに参加した1956年のメルボルンオリンピックでは1回戦で敗退しました。次のローマオリンピック（1960年）は、予選で敗退しオリンピックに出られず、1964年に開催された東京オリンピックまで出場は遠ざかります。

2.3 東京オリンピックに向けた強化：クラマー氏の貢献

　東京オリンピックは、地元開催なので、どの競技も好成績を残したいという気持ちがはたらきます。サッカーも他の競技と同様に、かなりの強化を行いました。強化策の目玉は、日本サッカー史上初の外国人指導者、デットマール・クラマー氏の招聘でした（写真1）。日本のサッカーの恩師は誰かといえば、クラマー氏の名前が最初に出るくらい、日本サッカーにとっては非常に重要な人物です。クラマー氏は、小柄ですが、熱心で説得力のある指導者でした。クラマー氏は、日本代表チームの監督ではなかったのですが（監督は長沼健氏）、東京オリンピックを目指し、精力的な指導を行いました。クラマー氏にとって、日本代表選手の強化が最優先の使命でしたが、代表合宿のないときには全国を回り、さまざまな地域で指導を行いました。東京オリンピックには13カ国が出場し、日本は、1勝2敗で予選を勝ち抜きベスト8まで進出しました。第1戦で優勝候補の一角であったアルゼンチンに勝利し、たいへん盛り上がった大会でもあります。

写真1　デッドマール・クラマー氏（スポーツニッポン新聞提供）

当時の代表選手には、釜本邦茂選手（現日本サッカー協会顧問）、川淵三郎選手（現
日本サッカー協会最高顧問）が選出されていました。

　1964 年の東京オリンピック後、クラマー氏は日本を去る時に、今後の日本サッ
カーに必要なこととして、（1）毎年 1 回は欧州に遠征し、国際試合を数多く経
験すること、（2）ユースチームから日本代表チームまでそれぞれ 2 名のコーチを
おくこと、（3）コーチ制度を確立すること、（4）トーナメントのような一度負け
ると終わりという大会ではなく年間を通じて計画的に実施できるリーグ戦を開催
すること、および（5）現在のような土のグラウンドばかりでなく芝生のグラウ
ンドを数多く造ること、といった 5 つの提言を残しています。

2.4　日本リーグの開幕

　東京オリンピックの翌年 1965 年、クラマー氏の提言どおり、日本で初めての
サッカーの年間リーグ戦である日本リーグが 8 チームにより開幕しました。当時
の参加チームは、日立製作所、三菱重工といった企業チームが中心でした。この
ようなクラマー氏の提言に基づく改革は、着実に 1968 年のメキシコオリンピッ
クに結びついていきました。

　日本リーグは開幕当初、東京オリンピックで日本代表チームが強豪アルゼンチ
ンを破ったこともあり、人気も盛り上がりもありました。また、東京オリンピッ
クに出場した選手のほとんどがメキシコオリンピックでも代表選手としてプレー
し、銅メダルという輝かしい成績を収めました。メキシコオリンピックの日本代
表チームは、予選リーグにおいて、ナイジェリアに 3 対 1、ブラジルに 1 対 1、
スペインに 0 対 0、フランスに 3 対 1 で勝利するなど、信じられないほどの成績
で予選突破しました。準決勝ではハンガリーに大差で負けましたが、3 位決定戦
では、地元メキシコにも 2 対 0 で勝利しました。プロ選手が出場しないオリン
ピックではあるものの、相当な強豪国との戦いを制しています。

　1969 年には、選手のプロ化を目指した読売サッカークラブ（現在の東京ヴェ
ルディ 1969）が創設されるなど、1970 年代から 80 年代前半まで、日本リーグ
の盛り上がりは持続していました。しかしながら、国民のサッカー熱も徐々に衰
退し、1980 年代中頃は、日本リーグのスタンドも閑古鳥というような状況がし
ばらく続きました。1980 年からは、（株）トヨタ自動車と（株）電通の協力で、
トヨタヨーロッパ／サウスアメリカカップ（通称トヨタカップ）が開催され、世
界の名だたる名門チームが日本にも多く訪れていました。誰もが知る世界のスタ
ー選手を国内で見る機会ができたのはこの頃です。日本リーグでは、外国人選手

も少しずつ増えてはいましたが、あまり盛り上がらない状況でした。

　この当時、奥寺康彦選手がドイツでプロになるなどの話題もありましたが、メキシコオリンピック以降の日本代表チームは、6大会連続でオリンピック出場を逃し、ワールドカップ（以下、W杯）も本戦に出場できない暗黒の時代が続きます。「世界には程遠い」、そんな気持ちがサッカー離れの大きな要因だったのかもしれません。

2.5 Jリーグの誕生から現在

　そのような状況の中、日本サッカー界も動き出し、選手に「プロサッカー選手」という意識をもってもらえるよう、日本サッカー協会がリーグ選手に対し「プロ選手」と認めるスペシャル・ライセンス・プレーヤー制度も1986年に設立されました。しかし、なかなか日本代表チームの強化には結びつきませんでした。

　そこで1989年、プロチームにより構成されるサッカーリーグを立ち上げる動きが出てきます。1990年からは、有識者へのヒアリングが3年ほどかけて行われました。この中心的なメンバーが、先ほど紹介した東京オリンピックのサッカー日本代表選手でもあった川淵三郎氏でした（写真2）。

　プロリーグへの参加に対し、日本サッカー協会は、参加を目指すチームに対して7つの条件を提示しました（Jリーグ法務委員会，1993）。それらは、（1）参加団体は独立した法人とする、（2）ホームタウンを設定・確立する、（3）15,000人以上収容可能なスタジアムを確保する、（4）トップチームの下にサテライトチーム（いわゆる2軍以下のチーム）を2〜4チームもつ、（5）選手・指導者は日本サッカー協会のライセンス登録を行う、（6）分担金（協会への登録料）1億

写真2　初代チェアマン　川淵三郎氏（スポーツニッポン新聞提供）

4000万円を拠出する、および(7)参加団体は日本サッカー協会の指示決定に従う、といったものでした。これらの7条件について、参加希望チームに対してヒアリングを重ね、条件を満たしたチームが正式名称「日本プロサッカーリーグ」通称「Jリーグ」の初代チームに参加することとなりました。

　1991年、Jリーグ初代チェアマンに川淵三郎氏が就任、参加団体が発表され、1993年5月15日、遂にJリーグが開幕します。このJリーグが開幕した年に参加していたチームが10チームありましたが、その時のチームを皆さんはいくつあげられるでしょうか。神奈川県には、開幕当時3チームありました。それ以外には、千葉県、茨城県、埼玉県、静岡県、愛知、大阪府、広島県にそれぞれ1チームずつです。どうでしょうか。

　名前を変更したチームもありますが、初代10チームは当時の名称で鹿島アントラーズ、ジェフユナイテッド市原、横浜マリノス、浦和レッドダイヤモンズ（通称浦和レッズ）、ヴェルディ川崎、横浜フリューゲルス、清水エスパルス、名古屋グランパスエイト、ガンバ大阪、そしてサンフレッチェ広島F・C（通称サンフレッチェ広島）です。全チーム名にホームタウン名がついています。発足当初は、横浜市をホームタウンとするチームが2つありました。

表2　2019明治安田生命Jリーグ参加チーム

カテゴリ	クラブ			
J1	北海道コンサドーレ札幌	ベガルタ仙台	鹿島アントラーズ	浦和レッズ
	FC東京	川崎フロンターレ	横浜F・マリノス	湘南ベルマーレ
	松本山雅FC	清水エスパルス	ジュビロ磐田	名古屋グランパス
	ガンバ大阪	セレッソ大阪	ヴィッセル神戸	サンフレッチェ広島
	大分トリニータ	サガン鳥栖		
J2	モンテディオ山形	水戸ホーリーホック	栃木SC	大宮アルディージャ
	ジェフユナイテッド千葉	柏レイソル	東京ヴェルディ	FC町田ゼルビア
	横浜FC	ヴァンフォーレ甲府	アルビレックス新潟	ツエーゲン金沢
	FC岐阜	京都サンガF.C.	ファジアーノ岡山	レノファ山口FC
	徳島ヴォルティス	愛媛FC	アビスパ福岡	V・ファーレン長崎
	鹿児島ユナイテッドFC	FC琉球		
J3	ヴァンラーレ八戸	グルージャ盛岡	ブラウブリッツ秋田	福島ユナイテッドFC
	ザスパクサツ群馬	Y.S.C.C.横浜	SC相模原	AC長野パルセイロ
	カターレ富山	藤枝MYFC	アスルクラロ沼津	ガイナーレ鳥取
	カマタマーレ讃岐	ギラヴァンツ北九州	ロアッソ熊本	FC東京U-23
	ガンバ大阪U-23	セレッソ大阪U-23		

1999年にはJ2（2部リーグ）、2013年にはJ3（3部リーグ）も創設され、J1（1部リーグ）を含む現在の3部制の形式になりました。2019年現在、Jリーグは、J1、J2、およびJ3をあわせて55のクラブ（FC東京、ガンバ大阪、セレッソ大阪のU-23チームを除く）で構成されています（表2）。Jリーグ発足当初の10チームを全て答えられる人はいるかもしれませんが、現在の全チームを間違いなく言える人はほんのごく僅かではないでしょうか。

3. 日本代表チームの競技力の向上とパフォーマンスの変化

3.1 1993年「ドーハの悲劇」

　Jリーグが始まった1993年の10月28日、翌年1994年に行われたW杯アメリカ大会への出場をかけた日本代表とイラク代表との試合がありました。参加6チームのうち2チームがW杯に出場できる状況でしたが、カタール・ドーハで開催されたアジア地区最終予選は大混戦で、最終戦を残し、日本とサウジアラビアが勝ち点5、韓国、イラク、イランの3チームが勝ち点4で、5チームが、最終戦の結果次第でW杯に出場できる可能性がありました。W杯初出場をかけた日本は、最終戦を残し得失点差で首位にいたわけです。

　最終戦の相手はイラクでした。当時は、勝利すると勝ち点が2、引き分けると勝ち点が1でした。勝ち点5で並ぶ2位のサウジアラビアの最終戦の相手は5位のイランで、イランが勝てば勝ち点6でサウジアラビアよりも上にいくというような状況です。日本は、一位ですから最終戦に勝てばW杯に出場できます。2位サウジアラビア対5位イランの状況と同様に、最終戦の相手である4位のイラクも日本に勝利すれば、勝ち点6で日本よりも上位に行くことになります。日本とイラクが引き分けた場合には、日本が勝ち点6でイラクよりも勝ち点では上回り、3位韓国と6位北朝鮮の試合で韓国が勝利すれば、韓国は勝ち点6となり、日本が最終戦に引き分けた場合に勝ち点で並びます。前半を終え、日本とイラクの試合は1対0で日本リード、韓国と北朝鮮の試合は、0対0のスコアレス、サウジアラビアとイランの試合は、1対0でサウジアラビアリードという状況でした。後半55分、日本は1点を失い同点とされますが、その後69分に中山雅史選手が1点を取り返し2対1と勝ち越しに成功、残り20分をしのげばよい展開になりました。しかし試合終了のホイッスルが鳴る直前の89分50秒、イラクにコーナーキックを与えてしまいます。イラクは素早いショートコーナーからニアポストへセンタリング、ニアに詰めたイラク選手のヘディングシュートは見上

げるキーパーの頭上を越えゴールに吸い込まれ、2対2の同点に追いつかれて終了ホイッスル。日本の勝ち点は6で、北朝鮮を3対0で破った韓国と勝ち点で並び、得失点差で上回られてしまいました。結局、最終戦に勝利したサウジアラビアと韓国がW杯出場決定となりました。Jリーグ立ち上げの年、悪夢のようにW杯への扉が目の前で閉じていった出来事、それが現在でも日本サッカー界で語り継がれている「ドーハの悲劇」です。

3.2「ドーハの悲劇」以降の日本の躍進

　「ドーハの悲劇」以降、1996年に次々回の2002年日韓W杯開催も決定し、1998年W杯フランス大会には是が非でも出場という機運が高まりました。日本代表は最終予選大会中の監督交代など紆余曲折しながらアジア地区3位となり、1998年に初のW杯出場を果たします。

　W杯フランス大会以降、日本代表は6大会連続で出場しています。また、なでしこジャパン（サッカー女子日本代表）に至っては、2011年のW杯ドイツ大会で優勝、次のカナダ大会でも準優勝と、世界的にも強豪国に成長しました（表3）。このような躍進の背景には、これまでに日本サッカーが辿ってきた歴史、特に1993年のJリーグ開幕という変革があるといえるでしょう。クラマー氏や川淵チェアマンの進めてきた、「日本サッカー界やJリーグの理念の強化」は、競技力の向上という面にも結びついていると私は考えます。

　さらにこの間、サッカーをはじめ、データを用いてスポーツを客観的に評価し、トレーニングの効果測定や戦術立案などに使用するということも盛んに行われるようになりました。例えば、図1は、日本代表チーム（1978〜1993年）、世界

表3　サッカー日本代表のワールドカップにおける成績

男子			女子		
開催国	開催年	成績	開催国	開催年	成績
ウルグアイ	1930	不参加（初の大会）	中国	1991	グループリーグ敗退（初の大会）
			スウェーデン	1995	ベスト8
フランス	1998	グループリーグ敗退（初出場）	アメリカ	1999	グループリーグ敗退
日本・韓国	2002	ベスト16	アメリカ	2003	グループリーグ敗退
ドイツ	2006	グループリーグ敗退	中国	2007	グループリーグ敗退
南アフリカ	2010	ベスト16	ドイツ	2011	優勝
ブラジル	2014	グループリーグ敗退	カナダ	2015	準優勝
ロシア	2018	ベスト16	フランス	2019	ベスト16

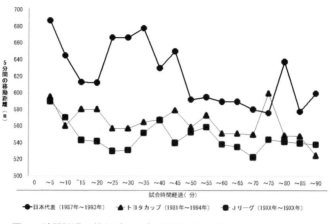

図1　時間経過に伴うゲーム中の移動距離の変化（1995　大橋たち）

の強豪チームにより争われるトヨタカップ出場チーム（1981 〜 1994 年）、および J リーグ参加チーム（1993 〜 1994 年）の一試合あたりの移動距離を時間帯別に比較したものです。かつて日本代表チームは、世界の強豪国と比較して技術や戦術のレベルが低かったこともあり、試合の前半からとにかく走り回る、体力にものをいわせるサッカーを展開していました。そのため、試合後半は体力が落ち、移動距離が少なくなってしまう傾向がありました。

　一方、トヨタカップに出場するような海外の強豪チームの一試合あたりの移動距離は、意外にも日本代表よりも短いことがわかりました。海外強豪チームは、闇雲に走り回らず、効率よくチーム戦術に基づくサッカーを展開するため、こうした差が生まれていると考えられます。同様にこの年の J リーグの一試合あたりの移動距離は、トヨタカップに出場する海外の強豪チームに近いことがわかります。この要因として、当時、J リーグにはスチュワート・バクスター（サンフレッチェ広島）、ハンス・オフト（ジュビロ磐田：元オランダ代表監督）、エメルソン・レオン（清水エスパルス）などのトップクラスの指導者が監督として招かれ、プレーヤーとしてジーコ（鹿島アントラーズ）、リネカー（名古屋グランパスエイト）、ペレイラ（ヴェルディ川崎）、ラモン・ディアス（横浜マリノス）など名だたる選手が加入し、選手技術や戦術が高まり、海外で展開されているようなサッカーのレベルに少しずつ近づいていたことがうかがえます。このように、J リーグが始まり、外国人指導者が世界のサッカーを日本に伝えていったことも、ボトムアップ的に日本代表チームの強化に結びついたのではないでしょうか。

4. Ｊリーグ開幕が社会に与えた影響

4.1 Ｊリーグが与えた負の影響

　次にもう少し視野を広げ、Ｊリーグが社会に与えた影響について考えてみます。Ｊリーグは、開幕当初から全ての人たちに評価されていたわけではありません。

　表4は、Ｊリーグ創設当時、高校生選手および指導者を対象に行われたＪリーグ開幕による意識変化に関する調査の結果（中塚他, 1995）をまとめたものです。Ｊリーグ開幕は、高校生に対して「プロサッカー選手になる」という夢や目標を与え、食生活を考えたり、生活のリズムを大切にするといったサッカーに対する肯定的な意識の変化をもたらしました。

　一方、「プロ選手の外見をまねするようになった」、「夢ばかりを追うような選手がでてきた」あるいは、「サッカーだけをしていればよいという雰囲気を感じる」といったネガティブな変化を感じとれる選手も多いこともわかりました。Ｊリーグ参加チームのサテライトチームなどが増え、中には高校生でプロとしてＪリーグでプレーする選手も出てきたため、「誰でもＪリーガーになれる可能性があるのではないか」と思い込み、勉強もろくにせずサッカーだけやっていればよいと考える高校生も出てきました。しかし、現実は誰でもＪリーグでプレーできる可能性があるような甘い世界ではありませんし、たとえＪリーガーになっても、チーム内での競争に勝てず、満足に試合に出られないままに高校卒業後1、2年で解雇される選手もいます。選手になることを夢みることは、リスクの高い冒険で

表4　Ｊリーグの影響によるユース年代の選手・指導者の意識変化

	選手(n=1190)	指導者(n=70)
サッカーの話題が豊富になった	89.4%	84.3%
プレーのイメージが高まった	86.3%	80.3%
選手の目標が高まった	79.4%	83.1%
日々の練習に意欲的に取り組むようになった	64.7%	57.7%
高校のサッカー部でなく、クラブチームでプレーする者が増えた	38.4%	28.6%
実力を省みず、夢ばかりを追うような選手が出てきた	35.8%	39.4%
プロ選手の外見（髪型や服装）をまねるようになった	32.0%	45.1%
ファールが増えた	31.1%	7.2%
サッカーだけをしていればよいという雰囲気が生まれてきた	26.5%	18.3%
審判に文句を言うようになった	16.4%	11.3%

（1995 中塚たち）

あり挑戦です。引退後の人生をどう生きていくか、いわゆるセカンドキャリア問題についても、このような調査の結果から読み取ることができます。

　加えて、勝利至上主義的な側面が強くなり、悪質なファウルや、審判への文句が増加していることを一部の指導者たちは感じています。Ｊリーグの試合で、悪質な態度がみられるようになったことで、高校生選手たちに自分たちもやってよいという錯覚を抱かせたとも考えられます。この傾向は、現在もこれまで以上に加速しているように感じます。このような調査の結果から、発足当初のＪリーグに対しては、良い面ばかりではなく悪い面も懸念されていたことが読み取れます。

4.2 Ｊリーグが与えた正の影響

　Ｊリーグが社会に与えた正の影響の一つに、各チームの社会貢献活動が挙げられます。2015 年のサポーターを対象とする調査で、「Ｊクラブは、ホームタウンで大きな貢献をしているか」という質問に対し、「大いに当てはまる」、あるいは「あてはまる」と回答したサポーターが 78.5％にも上ることが報告されています（公益社団法人日本プロサッカーリーグ，2016）。一般的な活動としては、サイン会や、学校を訪問して一緒にサッカーをするといったものが挙げられます。現在、Ｊリーグに参加するチームが行っている社会貢献活動は非常に多岐にわたります。例えば、横浜Ｆ・マリノスでは、障がいのある子どもたちとの交流会、横浜市商店街との協力による商店街活性化、東日本大震災からの復興支援、ホームタウンの幼稚園、小・中学校を対象とした食育プロジェクトなどを展開し、その様子をウェブサイト上でも公開しています（横浜Ｆ・マリノス，2018）。年間で 50 回近く、このような活動に従事している選手もいるそうです。その他にも、J1 〜 J3 各チームが行っている社会貢献活動は、Ｊリーグオフィシャルサイトでも随時更新、紹介されています。ぜひ一度ウェブサイトに入っていただきたいと思います。

5. Ｊリーグの目指す理念

5.1 Ｊリーグの理念

　川淵三郎チェアマンは、1993 年 5 月 15 日に開催されたＪリーグの開幕試合で、「スポーツを愛する多くのファンの皆様に支えられまして、Ｊリーグは今日ここに大きな夢の実現に向けて、その第一歩を踏み出しました」というスピーチを行いました。この言葉は、日本のスポーツにとってとても意味のある言葉だったように思います。長い年月をかけようやくたどり着いたサッカープロリーグの開幕

を祝うスピーチにもかかわらず、その中で「サッカー」という言葉は使われていません。「スポーツを愛する」、「大きな夢の実現」という言葉は、サッカーにとどまらず、日本のスポーツ文化が今後発展することを願ってのものであったと考えられます。日本のスポーツ文化の発展の1ページとして、サッカーは、プロリーグの開幕という形で貢献することを強調した言葉でもあります。Jリーグの開幕カードは、横浜マリノス対ヴェルディ川崎でした。開幕戦のチケットには、一人ひとりのサポーター・ファンを大切にするという意味合いから、購入者の名前が刻まれるなど、今ではとても考えられない演出もありました。

　Jリーグが発足時から大切にしている理念として、(1)「スポーツ文化」としてのサッカーの振興：国民の心身の健全な発達を図る豊かなスポーツ文化の養成、(2) 日本サッカーの強化と発展：W杯、オリンピックでの成績向上、(3) 選手・指導者の地位の向上：サッカー選手・指導者という職業の社会的な認知・地位の向上、および (4) 競技場をはじめとするホームタウンの整備：自治体との連携・協力によるホームタウンの発展、があります（Jリーグ法務委員会, 1993）。

　この理念は、川淵チェアマンが中心となって作り上げたものです。川淵チェアマンは、自身が選手であった時代に、日本代表選手としてドイツをはじめ欧州諸国を何度も訪れています。ある時、ドイツのスポーツシューレ（地域の人々が日常的にスポーツをおこなえる屋外・屋内施設）を訪れ、その素晴らしさに感銘を受けたそうです。ドイツのスポーツシューレには、芝生のグラウンドが10面、ホテルのようなきれいな宿舎、レストランのような食堂がありました。これらの設備を一般の人たちが利用できる環境にカルチャーショックを受けたそうです。このような環境を日本にも作りたいという思いが、Jリーグの理念の中には根づいています。

5.2　三位一体の変革

　Jリーグでは、これらの理念を実現するために「三位一体の変革」の重要性を謳っています(図2)。ここでいう三位一体とは、地域住民、ホームタウンの自治体、チームスポンサーを表しており、三者の協力が、Jリーグ、ひいては日本スポーツの振興に貢献することを示しています。

　自治体には、一般の地域住民のことまで考え、ニーズやライフスタイルに見合った質の高い競技場やスポーツ施設を作るという役割をお願いしています。企業には、そのような環境整備にかかる費用を含めた金銭的な援助あるいは、人的な援助をお願いしています。さらに地域住民には、単にファンとしてサッカーを観

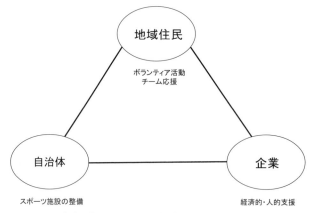

図2　Jリーグが目指す三位一体の変革（河崎、1995 をもとに加筆修正）

戦することにとどまらず、ホームタウンのチームを、自分たちのチームと思って、運営やボランティア活動にも積極的な参加を促すことの重要性が掲げられています。この考えは、現在でも引き継がれています。

5.3　Jリーグに参加するクラブが担う社会的な役割

　次にJリーグに参加するクラブが担う社会的な役割に触れてみます。主な役割として、（1）活力のシンボルとなること、（2）地域（ホームタウン）からの情報発信機会の拡大に貢献すること、（3）経済への刺激剤となること、（4）地域におけるサッカーとスポーツ振興に貢献すること、（5）地域における社会交流の拠点となること、および（6）地域住民の交流の拡大と国際化に貢献すること、が挙げられています。

　ここでのキーワードは「地域」です。先日、私は茨城県の鹿嶋市に行きましたが、鹿島アントラーズは、まさに市のシンボルであるという印象を受けました。チームを介して市自体も情報発信の機会が拡大していきます。良い評判が広まり人々の流入があれば、経済も動きます。サッカーをきっかけに、地域全体のスポーツに対する興味関心や実施率が高まれば、スポーツ振興という面でも貢献できます。サッカーやスポーツが、地域社会の交流の拠点となり、新たな人的ネットワークを創出し、ひいては産業や経済の活性化につながっていくかもしれません。国際試合を行い、外国人がその町を訪れれば、国際交流の場としても、地域に貢献すると考えられます。

6.　Jリーグの百年構想と未来

　Jリーグには、百年構想というロードマップがあり、サッカーに限らず、スポーツ文化を育て、豊かな社会づくりに貢献するという考え方を打ち出しています。長期的視点に立ち、100年かけてでも豊かな日本をつくりたいという願いが込められています。Jリーグ開幕の挨拶で、チェアマンが宣言した「大きな夢の実現」というのは、この百年構想の実現であり、一つの大きな目標となっています。

　現在Jリーグのチームが活動拠点とする都道府県はどのくらいあるでしょうか（図3）。チームが存在しない地域にも、参加できる条件をもっている、あるいは参加を目指しているチームがあり、いずれはこの地図も全て埋まっていくこととものと思います。現在Jリーグチームがある地域にも、まだまだチームが増える可能性もあります。ただし、これから参加するチームにおいても、チームの事情に合った持続可能性のある経営と、Jリーグや百年構想の大切にする理念に沿った形でのスポーツ振興、社会貢献、スポーツ文化交流を行うことは、決して外してはいけない部分と言えます。

　今回の講義では、日本のサッカーについて触れてきました。サッカーを「する」「観る」に留まらず、Jリーグの行っている活動全体にも目を向ければ、サッカーに限らず、スポーツそのものの見方も変わってくるのではないでしょうか。

図3　Jリーグクラブの地域と歴史

1993年Jリーグ開幕時からJクラブがあった地域

1999年J2設立時にはJクラブがあった地域

2019年現在までにJクラブがある地域

現在Jクラブがない地域

【参考文献】
1) 笹川スポーツ財団（2009）『スポーツライフデータ 2008』.
2) 財団法人日本サッカー協会75年史編集委員会（1996）『日本サッカー協会75年史』.日本サッカー協会.
3) Jリーグ法務委員会（1993）『Jリーグ、プロ制度構築への軌跡』.自由国民社.
4) 河崎清志（1995）『サッカースタジアム開発と地域振興』.総合ユニコム.
5) 大串哲朗（2000）「14　Jリーグ構想とJリーガー」.鈴木守・山本理人（編著）『講座　現代文化としてのスポーツ.スポーツ文化の現在』.道和書院.
6) 公益社団法人日本プロサッカーリーグ（2016）『Jリーグスタジアム観戦者調査2015サマリーレポート』.公益社団法人日本プロサッカーリーグ.
7) 大橋二郎他（1996）「Jリーグプレーヤーのゲーム中の移動距離」.『第15回サッカー医・科学研究会報告書横浜』.
8) 中塚義実他（1996）「Jリーグの影響によるユース年代の選手・指導者の意識の変化について」.『第15回サッカー医・科学研究会報告書』.
9) F・マリノス（2018）ホームタウン活動.横浜F・マリノス公式ウェブサイト〈http://www.f-marinos.com/hometown/school〉.

イングランドのフットボール
──階級の視点から──

山本　浩
上智大学短期大学部教授・学長　イギリス文学

1. 世界の 7 つのフットボール

　現在、世界では、多くの人びとによってプレーされ、また多くの人びとによっ
て試合が観戦されているフットボールが 7 つあります。7 つのフットボールのう
ちでまず挙げなければならないのはサッカー（soccer）でしょう。サッカーは、
世界中で子供から大人まで、もっとも好まれているフットボールです。ちょっと
した広場があれば子供たちはボールを蹴り、ボールを追いかけてサッカー（のま
ねごと）をして遊んでいます。また、世界の多くの国ではプロのサッカーの試
合に何千人、何万人という観客が集まります。4 年に一度開催されるサッカーの
W 杯大会は世界中に実況中継され、オリンピックよりも多くの人々が TV に釘
づけになります。サッカーの国際統括団体である国際サッカー連盟（FIFA）に
は世界の 211 のサッカー協会が加盟していますが、これは国際連合の 193 の加
盟国を上回る数です。

　サッカーほどではありませんが、ラグビーも人気のあるフットボールです。ラ
グビーには 15 人制のラグビー・ユニオン（Rugby Union）と 13 人制のラグビー・
リーグ（Rugby League）の 2 種類があります。後述しますが、ラグビー・リーグは、
今から 120 年ほど前にラグビー・ユニオンから分かれてできた第二のラグビー
です。どちらも楕円のボールを使いますが、1 チームの選手の数をはじめとして、
ルールはかなり違っています。日本では、ラグビーといえば 15 人制のラグビー・
ユニオンを指しています。2019 年に日本で開催されたラグビーの W 杯はラグビ
ー・ユニオンの大会です。ワールド・ラグビー（World Rugby）がラグビー・ユ
ニオンの国際統括団体ですが、これには世界の 119 のラグビー協会が加盟して
います。ラグビー・ユニオンと比べると、ラグビー・リーグの世界での普及度は

劣りますが、それでもオーストラリア、ニュージーランド、イギリス、フランスなどではラグビー・リーグは人気のあるフットボールです。

　日本ではあまり知られていませんが、オーストラリアにはオーストラリアン・ルールズ・フットボール（Australian Rules Football）という、おもしろいフットボールがあります。これは広い楕円形のグラウンド（クリケットのグラウンドを使います）で、ラグビーのボールよりもひとまわり小さな楕円のボールを使用して18人対18人で行われるオーストラリア独特のフットボールです。サッカーやラグビーと違ってオフサイドのルールがないので、選手たちは敵も味方も広いグラウンドを縦横に走りまわってボールを獲得しようとします。ボールの獲得のため敵と味方の何人もの選手がぶつかり合うことがしょっちゅうあり、かなり激しいフットボールです。オーストラリア国内では、ラグビー・ユニオンやラグビー・リーグと並んで、いやそれ以上に人気のあるフットボールで、毎年オーストラリアン・フットボール・リーグの決勝戦には10万人もの観客が集まります。

　アメリカ合衆国のアメリカン・フットボールは、日本でもよく知られています。ラグビー・ユニオン、ラグビー・リーグ、オーストラリアン・ルールズ・フットボールでは、選手の身体と身体が激しくぶつかり合いますが、アメリカン・フットボールの場合には、選手がヘルメットや防具を身につけていることからも分かるように、さらに激しい身体のぶつかり合いが見られます。アメリカン・フットボールは、アメリカ合衆国でもっとも人気のあるスポーツで、プロのアメリカン・フットボールのリーグNFLの優勝決定戦であるスーパーボウルは、アメリカ合衆国最大のスポーツ・イベントと言われています。イギリスでは「フットボール」はサッカーのことですが、それとは対照的に、アメリカ合衆国では「フットボール」といえばアメリカン・フットボールのことを指します。

　カナダにはカナディアン・フットボールがあります。プレーヤーの数がアメリカン・フットボールでは11人対11人であるのに対してカナディアン・フットボールでは12人対12人であるといった点や、アメリカン・フットボールは4ダウン制（攻撃側は4ダウン以内で10ヤード以上進むと再度攻撃権を得られる）であるのに対して、カナディアン・フットボールは3ダウン制であるといった点など、いくつかのルール上の相違点はありますが、カナディアン・フットボールとアメリカン・フットボールは、ほとんど同じフットボールです。

　日本ではまったくといってよいほど知られていませんが、イギリス（連合王国）の隣国アイルランドには、ゲーリック・フットボールと呼ばれるフットボールがあります。これは、サッカーと同じような長方形のグラウンドで、サッカーボー

ルよりも少し小さな円形のボールを使用するフットボールです。試合は 15 人対 15 人で行われ、手の使用が認められていますが、オフサイドのルールはありません。おもしろいのは H 型のゴールで、サッカーのゴールとラグビーのゴールポストを合わせたような形をしています。ゴールキーパーが守っている H 型の下の部分（サッカーのゴールによく似ていて、ネットが張ってあります）にボールを入れると 3 点、H 型の上の部分（2 本のゴールポストの間で、クロスバーの上部）にボールを入れると 1 点になります。ゲーリック・フットボールは、ハーリング（小さなボールとスティックを使用する、ホッケーに似た球技）とともにアイルランドの人々が大好きなフットボールです。

2. フットボールの故国・イングランド

　これら 7 つのフットボールのうち、サッカーとラグビー（ラグビー・ユニオンとラグビー・リーグ）は 19 世紀後半にイングランドで誕生し、その後、世界中に普及していきました。オーストラリアン・ルールズ・フットボールは、イングランドのラグビー・スクールでフットボールとクリケットの名選手であったトム・ウィルズという人が 1857 年にオーストラリアに帰国して、クリケット選手が冬期に身体を鍛えるためのフットボールとしてつくったものです。ウィルズは、母校のラグビー・スクールをはじめとするイングランドのパブリック・スクールで行われていたいろいろなフットボールを参考にしてオーストラリアン・ルールズ・フットボールを考案したと言われています。アメリカン・フットボールは、アメリカ合衆国で 1870 年代に人気を得るようになったラグビー（ラグビー・ユニオン）が発展してできたフットボールです。アメリカン・フットボールのルーツがラグビーであることは、楕円のボールを使用することからも分かります。現在のアメリカン・フットボールのルールでは、ボールを前方へパスすることは 1 回の攻撃中に 1 度だけ許されていますが、1906 年以前はラグビー・ユニオンと同じように前方へのパスは禁止されていました。このことも、アメリカン・フットボールのルーツがラグビーであることを示しています。アイルランドのゲーリック・フットボールは、中世以来アイルランドで行われていた様ざまなタイプのフットボールが集約されてできたアイルランド独自のフットボールですが、やはりこのフットボールも、19 世紀後半にゲーリック・フットボールとしてできあがる際には、その当時イングランドからアイルランドに入ってきたサッカーとラグビーの影響を受けています。

このように歴史的に見ますと、まずイングランドでサッカーとラグビーが誕生しました。そして、この2つのフットボールは世界に普及していき、普及の過程で新たなフットボールを生み出していきました（オーストラリアン・ルールズ・フットボールの場合は、サッカーとラグビーのルーツである、イングランドの様ざまなタイプのフットボールが基になって生み出されました）。したがって、イングランドこそがフットボールを生み出した国であり、フットボールの故国であると言うことができます。

　イングランドは「イギリス」と呼ばれることがありますが、現在、一般には「イギリス」はグレイトブリテンおよび北アイルランド連合王国を指す呼び名です。略して連合王国と呼ばれるグレイトブリテンおよび北アイルランド連合王国は、かつては独立した国であったイングランド、スコットランド、ウェイルズとアイルランドの北部が合体してできた国家ですが、連合王国が現在の形になったのは20世紀になってからです。サッカーとラグビーが誕生した19世紀の後半には、連合王国はイングランド、スコットランド、ウェイルズ、アイルランドから成っていました。したがって、19世紀後半にイングランドでサッカーが誕生したときにイングランド・サッカー協会ができ、その後にスコットランド協会、ウェイルズ協会、アイルランド協会ができました。同じように、サッカーよりもやや遅れてラグビー・ユニオンが誕生したときにイングランド・ラグビー協会ができ、続いてスコットランド協会、ウェイルズ協会、アイルランド協会ができました。1921年にアイルランドの北部6州だけを連合王国に残してその他のアイルランドの地域が連合王国から分離していったとき、サッカーのアイルランド協会は、北アイルランド協会とアイルランド教会とに分かれましたが、ラグビー・ユニオンのアイルランド協会はそのまま存続し、現在もアイルランド全体を統括しています。いずれにしても、イングランドのサッカー協会（1863年創立）とイングランドのラグビー・ユニオン協会（1871年創立）は、それぞれのフットボールの世界最古の協会なのです。

3.　民俗フットボール

　イングランドでいつごろからフットボールが行われていたのかは明らかではありませんが、イングランドでフットボール（もしくは、フットボールらしきもの）が行われていたことを示すもっとも古い史料は、12世紀末にウィリアム・フィッツスティーヴンという修道士が著した『トマス・ア・ベケット伝』（1180年頃）

という書物です。フィッツスティーヴンは、この本の中で、当時のロンドンの若者たちが原っぱで荒っぽい娯楽である「あの人気のある球技」をしている様子を描写しています。「あの人気のある球技」とは、おそらくフットボールのことで、この書物の記述から、12世紀末のイングランドではフットボールが若者たちのあいだで人気のある娯楽であったことが分かります。

　中世のイングランドで、フットボールがもっとも盛大に行われたのは、キリスト教の教会暦中の四旬節が始まる前日でした。四旬節とは、復活祭の前の40日間（日曜日を除いた40日間）のことで、イエスが40日のあいだ荒野で断食しながら過ごしたのに倣う期間です。年によって違いますが、四旬節は2月4日から3月10日までのあいだの水曜日に始まります。キリスト教徒は、この期間には断食をして（何もまったく食べないのではなく、食事に制限があります）、静かに自らを振り返って悔い改めることが求められます。そうなると人びとは、四旬節が始まる前においしいものを腹一杯食べて、賑やかで楽しいことをしようということになります。ブラジルのリオデジャネイロのカーニヴァルは日本でもよく知られていますが、カーニヴァルとは四旬節前に行われる羽目をはずしたお祭りのことです。四旬節が始まる直前の火曜日は、フランスでは「マルディ・グラ」（Mardi gras）、イタリアでは「マルテディ・グラッソ」（Martedi grasso）と呼ばれます。どちらも「太った火曜日」という意味です。四旬節になると食事が制限されるので、この日ばかりは飲み食いに明け暮れ、その結果太ってしまうというわけです。

　中世のイングランドでは、四旬節直前の火曜日（Shrove Tuesdayと呼ばれます）の賑やかな娯楽のひとつがフットボールでした。この日には、四旬節前の大騒ぎとして、また日頃の生活の憂さ晴らしとして、イングランドの各地でフットボールが行われました。現在のフットボールは決まった広さのグラウンド内で行われ、出場する選手の数をはじめとしていろいろなルールが定められていて、レフェリーが試合の進行を司ります。しかし、中世イングランドのフットボールは現在のサッカーやラグビーとは似ても似つかぬもので、数キロ離れた村と村とのあいだで戦われるといったものが当時のよくあるフットボールでした。村と村との中間地点に両方の村人たちが大ぜい集まり、そこへボールが投げ入れられるとフットボールの始まりで、両方の村人たちはボールの争奪戦を繰り広げます。それぞれの村にある、あらかじめ決められた大木のところへボールを運んでいったほうが勝ちになりますが、なにしろ村と村とは数キロも離れているので、なかなか勝負の決着はつきません。ルールらしいルールはなく、レフェリーもいないため、ボ

ールの争奪戦は激しく乱暴になり、相手を蹴ったり殴ったりするのはありふれた
ことでした。ときには、興奮した人が相手を短刀で刺し殺すことすら起こりまし
た。また、このような乱暴なフットボールが行われている場所のそばにある家屋
は、興奮した群衆によって毀損されるという巻き添えの被害を受けることがよく
ありました。そのため、国王や市長によってフットボール禁止令がたびたび出さ
れた記録が残っています。

　このようなフットボールは、近代スポーツとしてのフットボールと区別して「民
俗フットボール」（Fork football）とか「群衆フットボール」（Mob football）と
呼ばれています。イングランド中部にアッシュボーン（Ashbourne）という人口
1万人弱の小さな町がありますが、この町では今もなお毎年、四旬節直前の火曜
日と四旬節初日の灰の水曜日に民俗フットボールが行われています。アッシュボ
ーンの民俗フットボールは中世起源ではなく、17世紀に始まったもののようで
すが、今日まで350年ほどのあいだ行われ続けています。

　アッシュボーンの民俗フットボールは、村と村との対抗戦ではなく、町の中央
を東西に流れるヘンモア川の北側で生まれた人たちと南側で生まれた人たちと
のあいだの対抗戦です。ボールを運んでいくゴールは、それぞれ町から東へ約
2.4km、西へ約2.4kmのところに位置する、ヘンモア川の土手にある2つの大
きな台形の石です（かつてはそこに水車小屋があり、それがゴールでした）。試
合開始の午後2時近くになると、試合に参加する人びとと見物人たちが町の中心
部にある広い駐車場に続々と集まってきます。定刻2時に群衆にボールが投入さ
れるとフットボールが始まります。ボールを投入する役は毎年有名人がつとめる
ことになっていて、2003年にはチャールズ皇太子がボールを投げ入れました。
ボールが投入されると、フットボールに参加する100人を超える人びとがボー
ルに群がり、巨大な押しくらまんじゅうができます。この巨大な押しくらまんじ
ゅうは、ゆらゆらと揺れながら少しずつ動いていきます。ときどき何かのはずみ
で、押しくらまんじゅうの真ん中にあったボールが外へはじき出されることがあ
ります。そうすると、ボールを獲得しようと大ぜいの人びとが群がり、また新た
な押しくらまんじゅうが形成されます。こうやってボールと、ボールを獲得しよ
うとする人びとと、さらに大ぜいの見物人たちは、最初の駐車場から町の目抜き
通りへ、ヘンモア川へ、川の近くの湿地帯へと町のあちこちに移動していきます。
町の目抜き通りにある多数の商店は、あらかじめショーウィンドウやドアに板や
角材を打ちつけて、被害を受けないようにしています。ボールがヘンモア川の流
れに落ちると、大ぜいの人びとが寒さをものともせずに川の中に入っていき、ず

ぶ濡れになりながらボールの争奪戦を繰り広げます。ゴールはかなり遠いところにあるため、午後2時に始まったフットボールの決着がつくのは夜になるようです。ヘンモア川の土手に設置されている台形の石にトントントンとボールを3度つけるとゴールになり、アッシュボーンの民俗フットボールは終わります。ゴールを決めた人は一躍ヒーローになり、翌日の地元の新聞に写真入りで大きく取り上げられます。

4.　民俗フットボールの終焉とパブリック・スクールのフットボール

　このような民俗フットボールは中世から近代にかけてイングランドの各地で行われていました。ところが18世紀後半ごろから、市・町当局や警察によって民俗フットボールは公共の安寧を妨げるものとして取り締まられるようになりました。当局は、騒擾取締令や公道法のような法令を盾にとって、地域社会への迷惑行為であり、公的秩序を破壊するものとして民俗フットボールを禁止し、弾圧したのです。その結果、アッシュボーンのような僅かな例外は別にして、民俗フットボールはイングランド各地から消えていきました。ところが、フットボールはそれまでとはまったく別のところで、形を変えて生き延びることになったのです。

　フットボールが生き延びたところ──それは、19世紀のパブリック・スクール（public school）でした。パブリック・スクールというと公立学校のように思う人もいるかもしれませんが、パブリック・スクールは私立の名門エリート校で、14〜16世紀に創立されたウィンチェスター・コレッジ（Winchester College）、イートン・コレッジ（Eton College）、クライスツ・ホスピタル（Christ's Hospital）、ラグビー・スクール（Rugby School）、チャーターハウス・スクール（Charterhouse School）などがよく知られています。パブリック・スクールは、創立当初は貧しい家庭の子供たちを教育する学校として始まりましたが、しだいに授業料や寮費を支払うことのできる裕福な家庭の子どもたちを受け入れるようになり、18世紀の後半には、上層の社会階級の子弟の学校になっていました。現在はパブリック・スクールの多くは共学になり、寮生の他に通学生もいますが、当時のパブリック・スクールは男子校で全寮制でした。

　イングランドは（そして、連合王国全体も）今日に至るまで階級社会であると言われています。ほんの僅かな人びとからなる上流階級、社会の中核をなす中流階級（中流階級は、さらに上位中流階級、中位中流階級、下位中流階級に分けられます）、社会を下から支えている大多数の人びとからなる労働者階級が社会を

構成しています。これらのうちで、上流階級は貴族、ジェントリー（地方の有力者）、地主といった人びと、中流階級の上位の層である上位中流階級は、専門職（医師、法律家など）の人びとや高級官僚、企業の役員などであって、19世紀のパブリック・スクールにはこれらの上層の社会階級の子弟が入学していました。

そのようなエリート校であるパブリック・スクールの生徒たちが市・町当局や警察によって弾圧されて廃れていったフットボールを学校の中でやり始めたのです。当時は、フットボールは社会的に低い階級の若者たちがするものという観念があったため、高い階級の子弟であるパブリック・スクールの生徒たちがフットボールをすることに対しては、パブリック・スクールの内部からいろいろと批判があったようです。しかし、パブリック・スクールの生徒たちは、批判をものともせず、18世紀後半から熱心にフットボールをするようになったのです。

イングランド各地で行われていた民俗フットボールにはルールらしいルールがなく、ゲームのやり方も町や村ごとにまちまちでした。それと同じように、パブリック・スクールの生徒たちがやり始めたフットボールも学校ごとにやり方が違っていました。広いグラウンドがある学校もあれば、狭いグラウンドしかない学校もありました。グラウンドが低地にあってぬかるんでいる学校もあれば、グラウンドがない学校もありました。そのため、それぞれの学校の生徒たちは、自分たちの学校の条件に合わせたやり方でフットボールをしたのです。たとえば、カルトジオ修道会付属のチャーターハウス・スクールにはグラウンドがなかったので、生徒たちは、修道院の石敷きの回廊でフットボールをしました。イートン・コレッジには2種類のフットボールがあり、その一つはウォール・ゲームと呼ばれていました。ウォール・ゲームでは、ゲームが行われるフィールドの一方のタッチラインはフィールドに引かれた線で、もう一方のタッチラインのところには高さ2.5mのレンガ塀が立っていて、この塀がタッチライン代わりとなっていました（ウォール・ゲームは現在もなおイートン・コレッジで行われています）。

パブリック・スクールで始まったフットボールには、ひとつの大きな特徴がありました。それは、フットボールが上級生による下級生いじめの手段となっていたということです。パブリック・スクールの生徒の年齢は12、13歳から18歳まででした。このようにかなりの年齢差のある生徒たちが寮で共同生活をしていました。パブリック・スクールには監督生制度という独特の慣習があって、最上級生から選ばれた監督生は、学校運営上のいろいろな権限を与えられていました。それと同時に、ファッグ制度と呼ばれる慣習もありました。これは、上級生が下級生に私的な雑用（靴磨き、部屋の掃除、紅茶の準備等々）をさせるもの

で、言われたとおりに雑用をしない下級生は暴力的な制裁を受けました。そのような雰囲気の中で、上級生はフットボールをやりながら下級生をいじめていたのです。上級生はフットボールをするからといって下級生をグラウンドに呼び出し、彼らをゴールラインに並ばせておいて、ボールとともにそこへ突っ込んでいって、フットボールにかこつけて殴ったり蹴ったりしたのです。

このようにパブリック・スクールのフットボールはいじめの手段であったと同時に、かなり乱暴なものでもありました。とくにウィンチェスター・コレッジのフットボールは荒っぽいもので、怪我や骨折をする生徒が多くいましたが、フットボールで怪我をした生徒は男らしく勇敢だとして、かえって尊敬されていました。ラグビー・スクールのフットボールもそれに劣らず乱暴で、爪先が突き出ているブーツで相手の向こう脛を意図的に蹴とばすハッキングが男らしいプレーとして許されていました。

パブリック・スクールがこのような状況にあったとき、トマス・アーノルドという人物が 1828 年にラグビー・スクールの校長に就任し、ラグビー・スクールの改革に着手しました。彼は時代に即したカリキュラムの刷新を行い、イングランド国教会の牧師としてキリスト教に基づいた人格教育を行いました。さらにアーノルド校長は、フットボールやクリケットといった団体スポーツの有用性に着目して、これを教育に取り入れました。きちんと組織された団体スポーツは生徒たちの身体を鍛えるだけでなく、彼らの社会性を育み人格陶冶にも役立つと考えたのです。そして、このような改革は他のパブリック・スクールにも波及していきました。

アーノルド校長の改革によってフットボールが教育に取り入れられると、生徒たちの意識にも変化が現れました。アーノルド校長の逝去から 3 年後の 1845 年にラグビー・スクールの生徒たちのあいだから選出された委員が 37 条からなるフットボールのルールを成文化したのです。この 37 条のルールは、グラウンドの広さ、1 チームの選手の数、試合時間などは規定しておらず、現代の眼から見れば不備だらけのルールだったのですが、フットボールに限らず、運動競技が近代スポーツとして成立するための大きなひとつの条件は成文化したルールをもつことですので、このラグビー・スクールでのルール成文化の試みによって、荒っぽい乱暴なだけのフットボールは、近代スポーツへの第一歩を踏み出したと言うことができるでしょう。

1849 年には、イートン・コレッジでもフットボールのルールが成文化されました。ラグビー・スクールのフットボールでは、プレーヤーがボールを手で抱え

てゴールに向かって走っていくランニングインと呼ばれるプレーが認められてい
ましたが、それとは対照的に、イートン・コレッジのルールでは、「ボールは手
によって掴んだり、運んだり、投げたり、打ったりすることはできない」と定め
られました。この背景には、アーノルド校長による改革以降、中流階級の子弟を
多く入学させていたラグビー・スクールに対して、依然として生徒の多くが上流
階級の子弟であったイートン・コレッジの側が強い対抗意識を抱いていたという
ことがあったようです。いずれにしても、この後、19世紀後半にサッカーとラ
グビーという2つのフットボールが誕生しますが、イートン・コレッジのフット
ボールはサッカーに、またラグビー・スクールのフットボールはラグビーにつな
がっていくことになります。

5. 大学、クラブ、そして協会の結成

　パブリック・スクールを卒業した生徒の多くは大学に進学していきましたが、
彼らは大学へ入っても、パブリック・スクール時代に楽しんだフットボールをし
たいと思っていました。ところが、パブリック・スクールのフットボールは学校
によってゲームのやり方が異なっていたので、違うパブリック・スクールを卒
業して大学に入学した学生たちが一緒になってフットボールをすることができな
いという問題が生じました。そのため、1848年にケンブリッジ大学でいろいろ
なパブリック・スクール出身の学生たちが集まってフットボールの統一ルールを
つくることになりました。その結果できたルールは、ハッキングやランニング
インを認めず、できるだけ手の使用を少なくするというものでした。つまり、こ
の1848年にできた「ケンブリッジ・ルール」と呼ばれるルールは、ラグビー・
スクール式のフットボールではなく、イートン・コレッジ式のフットボールを
指向するものでした。ケンブリッジ・ルールは、その後何度か改定されますが、
1863年にサッカーの最初のルールがつくられるときに、その土台となりました。

　パブリック・スクールで、また大学でフットボールに親しんでいた学生たちは、
大学を卒業して社会に出ても余暇にフットボールを楽しみたいと思いました。そ
こで、社会人になった彼らは同好の士を集めてフットボールのクラブをつくり、
土地を入手してグラウンドを整備し、クラブハウスを建てました。これらのクラ
ブの多くは、イートン・コレッジ、ハロー・スクール、チャーターハウス・スク
ール、マーチャント・テーラーズ・スクールといった同じパブリック・スクール
の卒業生がつくったクラブで、彼らはクラブのグラウンドで母校のやり方に従っ

たフットボールを楽しみ、試合後はクラブハウスで社交のときを過ごしました。これらのクラブは「オールド・ボーイズ・クラブ」と呼ばれ、初期のフットボールのクラブの中心的存在でした。

　しかし、次第にパブリック・スクールや大学の卒業生以外の人びとともクラブをつくるようになっていきます。パブリック・スクールや大学の卒業生たちがパブリック・スクールや大学の出身者ではない人びとにフットボールを紹介し、普及させていったことによって、イングランド各地でオールド・ボーイズ・クラブ以外のフットボール・クラブが誕生したのです。

　このようにしてクラブが数多く生まれてくると、またまた大学で起こったのと同じ問題が生じました。それぞれのクラブは、自分たち独自のゲームのやり方でフットボールをしていたので同じクラブ内では試合ができても、他のクラブとの対外試合ができませんでした。そこで、いろいろなクラブが集まってフットボールの統一ルールを策定することになりました。そのようにして、1863 年 10 月に11 のクラブによってイングランドのサッカー協会であるフットボール・アソシエイション（Football Association、略称 FA）が結成され、FA 式のフットボール（サッカー）の 13 条からなるルールが定められました。FA のルールの土台になったのはケンブリッジ・ルールでした。したがって、第 12 条に「いかなるプレーヤーも、どのような口実によろうとも、プレー中のボールを地面から取り上げることはできない」とあるように、FA 式のフットボールは、できるだけ手を使用しないようにしようとするものでした。

　FA 式のフットボールはアソシエイション・フットボール（Association football）と呼ばれるようになりました。しかし、アソシエイション・フットボールという呼び名は長いので、最初の部分の assoc に俗語（口語）的略称をつくる接尾辞 -er をつけた assoccer という略称ができ（音韻の関係上、c がつけ加えられています）、FA 式のフットボールは、はじめのうちはこの assoccer という略称で呼ばれていたのですが、次第に語頭の as が落ちて soccer（サッカー）と呼ばれるようになりました。

　FA にはラグビー・スクール式のフットボールをやっていたクラブは加盟しませんでした。これらのクラブは、FA から 7 年ほど遅れて別の協会をつくりました。これが 1971 年 1 月に 21 のクラブによって結成されたイングランドのラグビー協会であるラグビー・フットボール・ユニオン（Rugby Football Union、略称 RFU）です。RFU は結成から半年後に 59 条からなる、ラグビー・スクール式フットボールの統一ルールを決定しました。これが近代スポーツとしてのラグ

ビー・ユニオン・フットボールの出発点となりました。この統一ルールの特徴としては、従来は認められていたハッキングやトリッピング（相手チームの選手の足を引っかけてつまずかせること）が禁止されたこと、オフサイドのルールが明確にされたこと、ボールを前方に投げたり、前方に落としたりした場合にはスクラムによってゲームを再開することなどを挙げることができます。

6. アマチュアとプロ

　このようにして、パブリック・スクール、大学、クラブで行われていた様ざまなフットボールが 19 世紀後半にサッカーとラグビーという 2 つのフットボールに集約され、FA も RFU も加盟クラブを増やしていきましたが、この頃のフットボールは、サッカーもラグビーもアマチュアのスポーツでした。FA に加盟したクラブ、また RFU に加盟したクラブの多くは、パブリック・スクール出身者たちによる、パブリック・スクールのフットボールの流れをくむクラブでした。FA 結成に際して、また RFU 結成に際して中心的な役割を演じたのもパブリック・スクール出身者たちでした。彼らパブリック・スクールの出身者たちは社会的エリートであって、スポーツでお金を稼ぐことなど必要のない人たちでした。彼らは、あくまでも余暇にフットボールを楽しむ上流階級や上位中流階級のジェントルマンのスポーツ愛好家でした。

　ところが、当初は社会的エリートのスポーツであったフットボールは次第に労働者階級にも普及していくようになります。このときに、フットボールの普及に一役勝ったのはキリスト教の教会と社会運動家でした。かれらは、フットボールをするのは身体のためによい、フットボールをすれば飲酒や賭け事などの悪癖から逃れることができる、ちょっとした広場とボールさえあれば簡単にフットボールをすることができる、と言って労働者たちにフットボールを推奨しました。その結果、工業都市が多く存在したイングランドの中部と北部に労働者によるフットボール・クラブが多く出現しました。現在、イングランドの代表的なフットボール・クラブであるマンチェスター・ユナイテッド（Manchester United FC）は、1880 年にランカシア・ヨークシア鉄道の労働者たちがつくったクラブがもとになったものです。同じく、現在の有名クラブであるアーセナル（Arsenal Football Club）は、1886 年にロンドン南東部のウリッジ（Woolwich）にあった兵器工場の労働者たちがつくったクラブがその始まりです。

　労働者のフットボール・クラブが盛んになると、一つの大きな問題が生じまし

た。イングランド中部や北部の労働者中心のサッカーのクラブでは、選手が試合
に出場するために仕事を休んで賃金をカットされると、クラブがカットされた分
の金額を選手に支払うという習慣ができたのです。このようなクラブのやり方に
直面して、FA は休業補償の金銭の支払いを禁止しました。FA を運営していたの
はパブリック・スクールの卒業生たちであり、彼らはアマチュア精神を重視して
いたからです。ところが FA の禁止にもかかわらず、1880 年代になると金銭の
支払いを受けているプロ選手たちの存在が顕著になってきました。第 13 回 FA
カップ大会（1881/82 年）では、プロ選手を出場させていたことが分かったため
イングランド北部の 2 つのクラブのチームが FA 当局によって大会から追放され
るという事件も起こりました。

　このように FA は一貫してプロ選手を禁止したのですが、選手に対して金銭の
支払いをしていたイングランド北部のクラブは、FA からの脱退と新組織の結成
をちらつかせて FA 当局に反撃しました。これに対して FA は、サッカーの別組
織ができるのを嫌い、サッカーを統括する唯一の組織としての自分たちの権力を
維持するため、それまでの態度を 180 度変えて、1885 年 7 月にサッカーのプロ
化を認める方針を打ち出しました。

　この FA の方針転換によってサッカーのプロ化は急速に進みました。プロ化
したクラブは収入を増やさなければなりませんが、そのためには試合数を多く
して入場料収入を増やさなければなりません。そこで、1888 年からクラブ総当
たりのリーグ戦が開始されました。リーグ戦開始の初年度は 12 のクラブが参加
し、各チームがホーム・アンド・アウェーの総当たりで 22 試合ずつ対戦しまし
た。その後このリーグ戦は拡大していき、今日では、イングランドのサッカーは、
Premier League（20 チーム）、Championship（24 チーム）、League One（24 チーム）、
League Two（24 チーム）の 4 部構成でリーグ戦が行われています。

　このようにしてプロ化したサッカーの試合を観戦するのは労働者階級の人びと
であり、休日にサッカーの試合を観戦するのが労働者たちにとって最大の楽しみ
となりました。とくに注目される試合には、ものすごい数の労働者たちが観戦の
ために集まってきました。たとえば、1911 年の FA カップの決勝戦（ブラッド
フォード・シティ対ニューカースル・ユナイテッド）には 69,098 人の観客が集
まり、「ロンドン中の乗り物が動員されたようだった」と新聞に書かれました。
また、1913 年の FA カップの決勝戦（アストン・ヴィラ対サンダーランド）には、
何と 120,081 人という大観衆が集まりました。

　労働者階級が大好きなスポーツはサッカーというのは、今日に至るまで変わり

ありません。現在もサッカー場のスタンドで大声をあげてひいきのチームを応援している人たちの多くは労働者階級に属しています。それは、彼らがしゃべっている英語やヤジを飛ばしている英語が労働者階級に特徴的な英語であることから分かります。また、労働者階級の人たちがよく読む大衆新聞のかなりのページ数がサッカーの記事で占められていることからも、労働者にとってサッカーが大きな関心事であることは明らかです。筆者は以前にロンドンのチェルシー・フットボール・クラブのホームグラウンドであるスタンフォード・ブリッジ・サッカー場の近くのアパートで暮らしていたことがありますが、チェルシーの試合のある日はアパートの窓の下の通りを試合観戦に行く人たちが続々と歩いていきました。彼らの人相風体を見ると、また彼らの話している英語を聞くと、その人たちが労働者階級に属する人たちであることは明瞭でした。

　サッカーはプロ化しましたが、ラグビーはどうだったでしょうか。サッカーと同じように、ラグビーでもイングランド北部に労働者のクラブができ、その数を増していった結果、RFU 加盟のクラブの半数以上がイングランド北部のクラブになりました。そのような北部の労働者のクラブの中から、サッカーの場合と同様に、ラグビーの試合のために仕事を休み、クラブから休業補償をうける者たちが出てきたため、RFU は 1886 年の総会でプロを禁止する規定をつくりました。RFU もパブリック・スクール出身の高い階級の人たちによって運営されていて、彼らは何よりもアマチュア精神を大切に考えていました。イングランド北部のクラブは、すでにプロ化したサッカーへの対抗上、RFU の禁止にもかかわらず休業補償を続け、ついに 1895 年 8 月に北部の有力な 20 のクラブが RFU を脱退し、ノーザン・ラグビー・フットボール・ユニオン（Northern Rugby Football Union）という別の協会を結成しました。これが後にラグビー・フットボール・リーグ（Rugby Football League）と名を改め、RFU のラグビー・ユニオンとは別のラグビーであるラグビー・リーグの統括団体となります。プロ化したラグビー・リーグは、発足当初から今日に至るまで、イングランド北部の労働者階級のあいだで人気がありますが、それは、その成り立ちからして当然のことでしょう。

　プロ化を容認する多くのクラブを失った RFU は、1895 年 10 月の総会で、それまで以上に厳格なプロ禁止の新規定を定め、改めてラグビー・ユニオンはアマチュア・スポーツであることを明確にしました。プロ化したサッカーとプロ化したラグビーの観客の多くが労働者階級であるのに対して、アマチュアのラグビー・ユニオンの選手と観客は上流階級や中流階級の人びとが中心でした。ラグビー・ユニオンは上流や中流のアマチュアの選手が仕事の余暇に楽しみでプレーするも

のであり、それを同じ階級の人たちが観戦するのでした。アマチュア時代のラグビー・ユニオンのイングランド代表やウェイルズ代表の選手の中には、オックスフォード大学卒やケンブリッジ大学卒の選手や、職業が医師や弁護士といった選手がいるのが珍しくありませんでした。

　しかし、厳格にアマチュア規定を守ってきたラグビー・ユニオンも時代の流れには逆らうことができず、1995年にプロ化が容認されました。それによって、イングランドの有力な、トップクラスのクラブはすべてプロ化し、一流選手たちはすべてプロ選手となりました。観客はというと、プロ化以降、ラグビー・ユニオンのファンの中に労働者階級の人たちが増えたような感じがありますが、それでも、ラグビー場の観客席の雰囲気はアマチュア時代とさほど変わりはありません。労働者の観客が多いサッカー場では、喧嘩やトラブルを防止するため、ホーム・チームのサポーターの席とアウェイ・チームのサポーターの席は塀や金網を境にしてはっきりと分けられていますが、ラグビー場では、ホーム・チームを応援する観客もアウェイ・チームを応戦する観客も入り交じって席についています。サッカー場では、観客席でアルコール類を飲むのは法律で禁止されていますが、ラグビー場では、多くの観客がビールを飲みながら観戦しています。サッカー場で耳に入ってくる英語は労働者階級の英語で、一般の日本人には理解するのが難しいのですが、ラグビー場で聞こえてくる英語は、ヤジに至るまで標準的な英語であることが多く、私たちにも何を言っているのか分かります。

　ラグビー・ユニオンは1995年にプロ化が容認されましたが、プロ化したのは、イングランドのラグビー・ユニオンの1部リーグ（Premiership）と2部リーグ（Championship）に属するクラブであって、3部リーグから下のクラブはほとんどがアマチュアのままでいます。たとえば、ロンドンの西の郊外にロスリンパーク（Rosslyn Park FC）というクラブがあります。ロスリンパークは創立が1879年という古い歴史を誇るクラブで、アマチュア時代には有数の強豪クラブでしたが、1995年にプロ化が容認されたときにもアマチュアのクラブであり続けることを選びました。他の強豪クラブの多くはプロ化しましたが、アマチュアのままでいることになったロスリンパークは、プロ選手たちのチームにかなうはずもなく、現在はイングランドの3部リーグの中位あたりにいます。筆者は1995年のプロ化容認以前にも以後にも何度もロスリンパークの試合を観戦したことがありますが、ロスリンパークのラグビー場の雰囲気は1995年の前も後もまったくといっていいほど同じです。観客の数は相変わらず数百人程度ですし、現在も観客の中に労働者階級らしき人を見ることはあまりありません。選手たちも以前と同

じようにロンドンで働いている人が多く、中にはロンドン駐在の外国人でラグビーの好きな人がクラブに加わってプレーしていることもあります。試合の前や後にクラブハウスを訪れると、1995年以前と同じで、中高年の紳士然とした人たちがビールのグラスを片手に、のんびりとおしゃべりを楽しんでいる光景を見かけます。

　1995年以降、イングランドのトップクラスの選手たちがプロ化したことによって、ラグビー・ユニオンのゲームの質が変化したように思われます。アマチュアというのは、ラグビーをプレーすることによって金銭を受けることがない人であると同時に、ルールを守り、フェアプレーを大切にする人でもあります。アマチュアは、試合の勝ち負けによって収入が変わるわけではありません。したがってアマチュアは、負けを負けとして受け入れる、よき敗者になる人でもあります。しかし、プロ選手はそう言っておられず、勝負にこだわるあまり、反則をしてでも勝とうと（もしくは、負けまいと）します。100年以上も前にプロ化したサッカーには「プロフェッショナル・ファウル」という言葉があります。ファウルであることが分かっていながら故意にやってしまうファウルのことで、いかにもプロの選手がやりそうなファウルということから、そのように名づけられました。たとえば、フォワードの選手がドリブルで相手のバックスの選手を抜いていき、ゴールキーパーと一対一になった絶体絶命のときに、抜かれたバックスの選手がボールをシュートしようとしている選手を背後からファウルで倒すということがあります。ファウルした選手は、たとえレッドカードで退場処分をうけても、相手の得点を食い止めることができるかもしれないと思って故意にファウルをするわけです。このようなファウルがプロフェッショナル・ファウルですが、プロ化以降のラグビー・ユニオンの試合にも同様のファウルをする選手が出てきました。

　ラグビー・ユニオンは、プレーヤーの身体と身体が激しくぶつかり合う激しいスポーツですが、プロ化以降、たんに激しいだけでなく、以前には考えられなかったような乱暴で粗暴なプレーが少なから見られるようになっています。何としてでも勝とうとして、倒れている相手の選手の顔をスパイクシューズで踏みつけて大怪我をさせたとか、スクラムを組んでいるフロントロー（フォワードの第1列）の選手が興奮のあまり、自分の顔の脇にある相手のフロントローの選手の耳を噛み切ったといった「事件」が伝えられる今日この頃です。

　100年以上もプロとしてやってきたサッカーと、まだプロ化して間もないラグビー・ユニオンが、それぞれこれからの50年後、100年後にどのようになっているかを想像しながら、このへんで本稿の筆を置くことにいたします。

ドイツ文化の中のサッカー

粂川麻里生
慶応義塾大学教授　近現代ドイツ文学・思想

1. サッカーというスポーツの"性格"

　ドイツにサッカーが入ってきたのは 1872 年頃といわれています。実際に試合をしたのは、1874 年で、ですから日本とそんなに変わりませんね。日本も明治維新の後、しばらくしたら横浜とか神戸とかで主にイギリス人居留民たちがサッカーをしていたそうですが。大体それが 1870 年代の終わりから、1880 年代の初めということで、日本とドイツはそんなにサッカーを始めた時期は変わらない。そもそもサッカーというもののルールが完全に確定したのも、イギリスで完全に確定したのも 1860 年代のことですから、サッカーっていうのは実は今の形になると、すぐに世界に伝わり始めたのですね。

　それ以前はドイツにはサッカーっていうものもなければ、スポーツというものもなかったわけです。でも、運動して遊んだり競ったりするというカルチャーは、これは世界中にあったわけですね。とりわけボールを足で蹴ったり、手で打ったりして遊ぶ、あるいは競うっていう遊びは、それこそ紀元前から世界中にあった。メソポタミアの遺跡、バビロンの遺跡のレリーフにも、マヤ文明の遺跡にもボール蹴って遊んでいる姿が彫られていますから、そういう意味では紀元前 3000 年とか、4000 年、場合によっては 5000 〜 6000 年前にはボールを蹴って遊んでいる人たちが、世界中にいたということですよね。もちろん中国にもいたでしょう。日本の蹴鞠（けまり）というのも、恐らくは古代ペルシャから中国経由で朝鮮半島通って日本に来たっていうんですから、世界中にあったわけです。

　英国アッシュボーンのシュローブタイド・フットボールの映像ご覧になってない？　そうですか。じゃあせっかくですからちょっと動画を見てみましょう。YouTube ですから皆さんもいつでも見ることができるわけですが。これは 17 世

紀以来アッシュボーンで続いている、こういう川向こうの人たちと川のこっち側の人たちが、全員出てきて 1 つのボールを奪い合って、それで川のあっち側とこっち側に石のゴールがあって、そこにばんばんばんと 3 回ボールを打ち付ければ 1 点というゲームです。丸一日やって 1 点も入らないときもあれば、入って 1 点たまに 2 〜 3 点入るという気の長いものです。何しろほとんど動けないわけですね。ずっと動けないのにあるとき突然ブレークって言って、ポーンとどこかにボールが飛び出して、そうすると大体優秀な人はこの群れの外に待っていて、走る係の人がいる。本当のサッカー選手だったりラガーメンだったりするわけですが、そういう人が待ち構えていて、だーっと一気に前進する。これは 17 世紀以来やってるっていうことになってはおりますけれども、17 世紀にお祭りになったというだけで、以前からやっていたわけです。イギリスと、フィレンツェなどイタリアの一部、今のスペインの一部でこういうことが行われていたのが、17 世紀にピューリタンの時代にお祭り兼ゲームとして整備されました。ピューリタンの人たちっていうのは非常に生真面目なプロテスタントの人たちで、やや原理主義的なところさえあります。神様に仕えること以外はやってはいけないという人たちですから、こういうまことに非生産的なフットボールみたいなものは、逆にカーニバルのようなお祭りの時にだけやっていいっていうことになりました。ですので 17 世紀にこういうことが始まったんじゃなくて、17 世紀にお祭りの日にだけやることが決められた、というわけです。その代わりお祭りの日は大変なことで、アッシュボーンの町の人たちは、フットボール保険に入ることが義務づけられていて、フットボールの日は家を壊しても、誰の家に入っても構わないし、誰の敷地に入っても構わないし、ルールは一つだけで、ノー・マーダー、つまり人殺しはしてはいけないというルール以外は、何もないというものです。

　フットボールというのはこのように非常に荒々しい起源があるもので、ワイルドなものなんですね。フットボールというのはとにかく、人間のいろいろなものを発散させる、解放させるもの。それで、ルールが非常に簡単で、とにかくボールっていうどこに転がっていくか分からないもの。どこに転がっていくか分からないから、球技っていうのは古代オリンピックの種目には入ってなかったわけですね。今のオリンピックではバレーボールとかバスケとかサッカーとかは花形スポーツですけど、古代のオリンピックは神様にささげるものですから、遊びの要素があんまりあっちゃいけなくって、ですから格闘技とか競争とか陸上競技がメインだったわけですね。その点フットボールは、ワイルドな、しかも純然たる遊びで、神様とかとも、あまり関係がなかったわけです。

2. 近代サッカーのドイツ輸入

　近代スポーツとしてのサッカーは、そういうワイルドなフットボールを安全な
ものにしつつ、パブリックスクールで生徒たちのために作られたものですから、
ジェントルマンのスポーツマンシップを貴ぶ側面もありました。とはいえゴルフ
やテニスほど上品ではなくて、やっぱりワイルドで遊戯性の強いスポーツでもあ
るというのが、サッカーでした。そういったものが 19 世紀の末にドイツに入っ
てきたわけです。

　想像していただきたいんですが、サッカーを知らないドイツ人がハンブルクと
かの港で、ボールを蹴って遊ぶイギリス人たちを見たわけですね。その時にド
イツ人たちは「英国病」って言ったわけです。イギリスの人たちは短パンはきます
から、で、毛ずねを出した男たちがボールを蹴ってワイワイ遊んでいるというの
で、なんか気持ち悪いと。それから何が面白いんだろうと。ボールがどこに行く
か分からないし、ちゃんとコントロールできないじゃないかと。ドイツ人は規律
正しいのを好むところがありますから、ボールがどこに飛んでいっちゃうか分か
らないのは、なんか嫌だ。何で足でやるんだ。手でやればいいのに、足でやると
またどこ転がっていくか分からない。何だかよく分からないものだ、というよう
に思っていたわけです。

　しかし、それが、なんだか人々の心を解放させるものだということがだんだん
分かってきた。そして 74 年にはブラウンシュバイクという町のギムナジウムで、
ドイツ初のサッカー試合が行われました。ギムナジウムというのは、中高一貫の
普通科の学校です。ドイツ語の先生だったコンラート・コッホという人が、サッ
カーをやることはドイツの子どもたちにとって良い効果をもたらすということで
やらせました。

　このコッホさんは、一方で、ドイツ語の先生だったのに、英語も勉強させよう
としたんですね。そういう意味で、本職じゃないですけど、ドイツ初の英語教師
だともといわれています。この頃の英語を勉強するっていうことの意味は、今と
違いますね。皆さんも、どっかで英語の勉強とかさせられて、今も一生懸命英語
の勉強してる人も多いでしょうけど、それは必ずしもイギリス文化を理解するた
めではなくて、英語が一番国際語であるし、それから一番国際語であるから一番
情報を得るのに便利なツールであるし、最先端の学問を勉強するためにも、英語
は必要。自然科学とかだったら英語ができなければ、そもそももはやトップクラ

スの研究はできないですよね。それ故に英語を勉強するっていうのが、今の英語でしょうけども。この頃の英語というのはそうではありません。

　たしかにイギリスはいち早く産業革命を達成した先進国で強国ですけれども、英語は要するにヨーロッパの、一近隣国の言語というのに過ぎません。むしろ文化的あるいは、学術的に先進国っていったらフランスでした。フランスのほうが地続きで近いですしね。その時に英語をやるっていうのは、つまりむしろ今の英語の勉強には全然意味合いとしては近くなくて、むしろマレー語とかタガログ語とか、ちょっと離れた島国の言葉。でも、それでもやったほうがいいんじゃないのか、いうぐらいの感じでやっていたわけです。

　ですけども、ここでコッホ先生は、もう一つのことを考えて、イギリスの文化、イギリスの文化を教えようとしました。で、そこで教えようとしたのが、スポーツマンシップとか、あるいはジェントルマンシップであると。つまり彼は、イギリスにはまたドイツが学ぶべき文化があると思ったんですね。ジェントルマンの文化というのはドイツの若者たちが学ぶべきものだと。さらにコッホ先生がもっと学ぶべきものだと思ったのは、民主的な考え方ですね。つまりイギリスはもう、17世紀から議会制というのを発達させていましたし、憲法って考え方もありましたから、国王といえども法律の前では、平民と同格であるというふうに見なされていました。イギリスにはこういう民主的なものの考え方というものがカルチャーとして既にありました。

　一方、この頃のドイツというのは、まだ王制です。民主主義ではありません。憲法もようやく71年にできたばっかりでした。1871年にようやく近代国家としてのドイツっていう国はできたわけです。ドイツ帝国成立です。それまではどうだったかというと、小さな国しかなかったわけです。バイエルンとか、ブランデンブルクとか、ヘッセンとかそういう今ではドイツの「州」と呼ばれているのが、当時は「国」でした。小国が分立している状態ですね。そういう時代です。

　プロイセンという国が主導でドイツ帝国というのがまとめられたわけですね。1871年にプロイセンはフランスと戦争やって勝つわけです。ブランデンブルク門はこの時にプロイセンが、フランスと戦争やって勝ったときに造った凱旋門です。プロイセンっていう国はビスマルクという有名な首相がいて、それで官僚制と軍隊を強くすることでのし上がっていった国です。きっちりした官僚制、エリート教育とそれから軍隊を強くすることで、小国分立していたドイツをまとめ上げました。ですから、ドイツの教育は非常に軍隊主義的なところがありました。

　それに対してこのコッホ先生は、プロイセンの文化だけが大切な文化ではない

だろうと考えた。国際派なんですね。英語を学んで、イギリス文化や、ジェントルマンシップやデモクラシーに触れることができるだろうと思ったわけです。ですけど、さらにそこでサッカーをやることで、イギリスの子どもたちがいかに自由になれるか、自由になると同時に自主的になれるかを知っていて、それをドイツでもやろうとした。サッカーというのは、試合が始まってしまえば、皆がそれぞれ自分で判断して走るべきところに走っていかないとできないスポーツで、監督がああだこうだあんまり言うスポーツではありません。みんながその時その時に判断して、自主的に動くということが必要なスポーツですね。そこがとてもいいと。ドイツ子どもたちはこれからそういうものを学ぶべきだっていうふうに考えた。

　それでコッホは、このギムナジウムで体操の先生と協力しながら、生徒たちにサッカーを教えた。しかし、コッホさん自身はそんなにサッカーは知らなかったらしくて、それでもサッカーというものに興味を持って調べていくうちにこういうものだからやろうってことになったわけですね。最初はラグビーとサッカーの区別もつかなかったそうです。なので、イギリスからボールを輸入したんですけど、最初間違えてラグビーボールを輸入してしまったくらい。

　そのいきさつについては、映画があって『コッホ先生と僕らの革命』っていう映画があるんですけど、この頃の話が面白おかしく、ちょっとだけ脚色されてますけど、描かれています。コッホ先生はオックスフォード大学に留学していたことがあって、そこで散々サッカーをやってきたっていう話になってますが、それはちょっとかっこつけた脚色で、本当はドイツで本を読みながらサッカーを知ったんですけど。

　最初は抵抗がありました。ブラウンシュバイクの教育委員会とか、あるいは生徒の父兄などからも、「何でそんなことするんですか」とかなり反対もされたのですけど、いやこれは絶対値打ちがあるんですっていうことで、学校からサッカー熱にだんだん火がついたところがあります。だんだんにコッホさんの試みをまねするところも増えてくるんですが、なぜコッホさんの試みをまねする学校が増えていったのかを、説明するためにはもうちょっと以前の話をしなくてはなりません。

3.　ドイツの体育文化「トゥルネン」

　トゥルネンというのは体操のことで、サッカーが入ってくるまでは、ドイツの

代表的な体育文化は体操でした。子どもたちもみんな体操をして楽しんでいたん
ですね。体操って言ったってもちろん内村選手とかがやってるようなやつだけじ
ゃなくて、ただ平均台を渡るとかブランコに乗るとか、遊動円木にぶらぶらして
るとか、そういう公園の遊具みたいなものはドイツでも結構ありますから、そう
いう公園で遊んだり、体操したりするのが楽しみだったんですね。

　それはこのドイツが小国分立であったことと実は関係があるんです。というの
は、ドイツが小国分立の状態になったのは、これは1806年からで、1806年にフ
ランスが攻めてきます。フランス革命の後、だんだんに軍人として権力を握るに
至ったナポレオンが、ドイツに侵攻してくるんですね。それで、それまでは一応
当時はもう名前だけになってましたけど、神聖ローマ帝国って名前があって、ド
イツだけじゃなくて、今で言うチェコ、スロバキア、ハンガリー、オーストリア
辺りをまとめていた。あったと言っても別にもう皇帝はいるにはいるけど、政治
的な実権は全くなくなってはいたんですが。とにかくこれを解体した。ナポレ
オンが神聖ローマ帝国の議会場があるレーゲンスブルクっていう町にやってきて、
「もう神聖ローマ帝国は存在しない」って宣言してしまったんですね。それでし
かもフランス軍をドイツ各地に駐留させて、さまざまな影響力を行使するように
なりました。その時に造った凱旋門がパリの凱旋門です。

　ですので、60数年後にプロイセンはフランスにやられたことをやり返して、
フランス軍をドイツから追い出して、それでドイツっていう国を造ったわけで
す。初めてドイツっていう名前の国ができたのが、ちょうどサッカーが入ってき
た時と同じっていうことですね。もう明治時代になってるわけだから、日本にお
いても近代です。

　ナポレオン軍に負けた時にドイツの人たちは非常にショックを受けました。フ
ランスに踏みにじられてしまったと。神聖ローマ帝国ってもともと名前ばっかり
だったけど、でもそれもなくなってしまった。一方でフランスはもう革命起こし
て、新しい国を造ってドイツよりもよっぽど強い軍隊もつくって、科学も発達し
ているし全然かなわないと。イギリスもまた17世紀にはもう市民革命を起こし
ていて、議会もあれば法律もあれば、全然ドイツよりも立派であると。まことに
遅れているということで、ドイツも近代化しなくては、とインテリたちは思った。

　それで、ちゃんと近代国家としてのドイツをつくらなくてはという気持ちを持
った人が増えていくんですね。近代国家としてのドイツをつくろうと。例えば有
名なグリム兄弟なんかもこの頃の人です。グリム兄弟はもともと法律学者でした
から、法律学者としてドイツ憲法を作ってイギリスやフランスに負けない国を造

りたいと思っていました。しかし、憲法を作るためには、まずドイツという社会がどんなふうにできているのかを、根本から知らなくちゃいけないだろうと思った。彼らは非常にラジカルに考える人たちだったので、ドイツ語の研究と、ゲルマン神話の研究とかドイツ語の歴史やドイツ語そのものの研究とか、それからドイツの民話の研究とかをして、それで『グリム童話』っていうのを集めたわけです。彼らがドイツ憲法作りたいと思ったから、『白雪姫』とか、『ヘンゼルとグレーテル』とか今に伝わってるわけなんですね。

　そういうグリム兄弟なんかの試みと同じ試み、つまり近代国家の形成運動として体操運動というものが起こります。これがフリードリヒ・ヤーンという、哲学者であり、教育学者であった人によって始められました。当時、ドイツの一部でも、パブリックスクールみたいなものが、博愛学校といって、作られていました。ドイツは 17 世紀はすごい内戦の時代で、カトリックとプロテスタントに分かれて 30 年間も戦争していた、三十年戦争というのがあって。で、もう戦争が起きないようにしようというので、みんなが愛し合う学校ということで博愛学校というものをつくっていたんですが、そこで体操をやるようになりました。博愛学校は古代のギリシャやローマのことも教えていたので、古代のギリシャやローマの文化の中から体を鍛える思想を取り出したんです。キリスト教にはあんまり体を鍛えるって発想ありませんから。ヤーンは、17 世紀にできた博愛学校で行っていた体操というものを、これを近代、近代国家としてのドイツをつくるために役立てようというふうに考え出したわけです。

　つまりナポレオンは、とても軍隊をつくるのがうまくって、徴兵制を敷いて、一般人のお兄さんやおじさんを見事に兵隊として動けるようにしました。それは、兵隊として団体行動が取れるようにしたということです。で、団体行動が取れるっていうことは、兵隊になるのにも役立つでしょうし、また当時は工場というものが結構広まってきていて、工場で働く人も増えてきていました。工場で働けるようにするためにも、またこれは流れ作業みたいなものもあるし、集団作業みたいなのもあるし、そういうのはみんな一列に並べとか、前ならえ、行進しろとか、気をつけとか、右向け右とかいうようなことができなければ、難しい。みんなで体操ぐらいできなかったら、軍隊なんかできないし、工場で労働するのにも役に立たないだろうということで。

　それだけはなくて、ヤーンは、体操は帰属意識を養うことにもつながるだろうと考えていました。なぜならば、体操は決してただ単に体を鍛えたり、規律を教え込むだけものじゃなくて、遊びでもあったからです。先ほど申し上げたように、

公園の遊具とかあるいは玉乗りとか、いろいろな遊びも含んで体操だったんです
ね。ですので、そういった一緒に遊んで楽しい、普通には味わえないような遊園
地的な遊びも、遊びの楽しさも味わってもらうことで、皆が「仲間」になるだろ
うと考えた。

　またヤーンは歌もいっぱい作ったり、作らせたりしました。体操のときには子
どもたちが喜ぶような歌をたくさん流したり、自分たちで歌わせたりしようと。
楽しい場所、遊園地のような楽しい場所をつくって、そこで体操をやってもらっ
て、それで一緒に歌を歌えば、子どもの頃歌った同じ歌がたくさんあるんであれ
ば、それで自分たちは一つのまとまりだというふうに感じるだろう。自分たちは
ドイツ人だ、ドイツの子どもなんだっていうふうに、だんだんに思えてもくるだ
ろうというわけで、労働の役にも立つし、場合によっては必要であれば兵役の役
にも立つし、また自分たちはドイツ人だなというふうに思える帰属意識も養える
だろうと。

　ちなみに、この考えがアメリカ経由で日本に伝わってきたのがラジオ体操で
す。ですからラジオ体操の前には必ず「新しい朝が来た……」というような歌を
歌うのも、アメリカ経由で日本に入ってきたドイツ思想とも言えるわけなのです。

　そういうことで体操が、19世紀前半のドイツに広まり始めました。これは非
常に人気が出て、もう1810年代にはドイツ各地に体操クラブができました。こ
れは非常にサッカーの歴史にとっても大事なことで、コッホ先生がサッカーをド
イツに輸入してからは、だんだんにこの体操クラブが、サッカークラブになって
いくんですね。今のドイツのクラブチームっていうのはこれが起源になっていま
す。

4.　体操教師と近代化

　この体操クラブは、非常に人気が出たんですけども、ただ、問題も起こしまし
た。というのは、ヤーンはじめ体操の先生たちは、ドイツを近代国家として立派
な国にしたいと思っていたのですが、近代国家というのは民主主義を目指します
よね。で、王様が主権者だと近代国家じゃないってことがだんだん分かってきて、
やはり体操やってる人たちは社会を民主化したいと思うようになってしまうわけ
です。フランスやイギリスに負けない国を造りたいということは、議会作って、
国王のあるいは貴族の権利を制限して、場合によっては貴族を廃止して民主主義
の国を造りたいって考える人が、体操関係者の中に増えてしまいました。

　当時はまだ王制ですから、ドイツの各地の王室は怒ってしまうんですね。それで、禁止と許可を繰り返す。一方で「ドイツの国を近代化して、強く立派な国にするための運動です」って言うと、「ああ、それは結構だからやってください」って言われて、他方、「民主化したい人は中に入ってませんか、民主化運動につながってしまうんだったらやめてください」と言われる。その繰り返しになるわけです。

　結局、ドイツとオーストリアの民主化運動は、1848 年に決定的に挫折します。オーストリアのメッテルニヒ首相が指導した革命弾圧が大成功して、もうドイツ語圏で革命やろうと人たち、やろうという人たちは、ドイツにいられなくなるか、おとなしくさせられるかしてしまったわけです。体操の先生たちもドイツにいられなくなってしまって、アメリカに何千人も渡ります。何千人もの体操の先生がドイツに渡ったっていうのも不思議な感じがしますね。それで渡ると当時、南北戦争に突入しようとしていた時代のアメリカのリンカーンがいました。リンカーンは奴隷制を廃止しようとしていたわけですね。そしてラジカルな民主化をアメリカで行おうとしていましたから、ドイツの体操の先生たちは、「ああドイツでは自分たちは挫折してしまったけども、アメリカだったら理想の民主主義の国は造れるかもしれないな」ということで、リンカーンを応援しようということになりました。体操の先生は体鍛えていますから、リンカーンのボディーガードとしても付き従うようになっていったというわけです。リンカーンは結局暗殺されてしまうので、ドイツから渡った体操教師たちはとてもがっかりしたそうですけども。

　あの、ブラウンシュヴァイクのギムナジウム教師コッホの試みは、そんな歴史の中で成功するんですね。つまり、体操というのは基本的には、価値があるものとして認められていたけども、また一方で思想的な伝統もあって、民主化運動家、さらには過激派のようなところがあった。テロリストさえ一部に潜んでいるような、そういうカルチャーだと思われていました。ですから、体操っていうのは何か危ないところもあるんじゃないのか、という心配もあった。なので最初は馬鹿にされていたサッカーですけども、体操ばっかりやらせているとまたこれはこれで教育上、非常に偏ってしまうじゃないのかという話にもなった。じゃあ外国から来たスポーツというものも、体育の時間に入れてもいいんじゃないのかということで、新しくできたドイツ帝国の文部省が大逆転で、最初はサッカーはかなり旗色が悪かったのに、ドイツの学校の体育の授業で球技、サッカーをやるべしっていうお達しを出すんですね。それで一気に、ドイツ中にサッカーが広まってい

くようになります。またそれと合わせて労働者たちも自分たちの楽しみとして、ボールを蹴って遊ぶようになっていきます。子どもたちと労働者の遊びとして、サッカーが一気に広まるというわけです。

5. プロサッカーの誕生 ―オーストリア＋ハンガリー二重王国での発展

　20世紀になって、ヨーロッパの人たちも、スポーツというものが1つの大きなショーになり得るもので、そして人の心を強く、大衆の心を強く動かすということを分かってきました。スポーツを見る時代。19世紀にスポーツというものは、一般的なものとなったと言えるでしょうけども、スポーツが大きなショービジネスになった時代っていうのは、20世紀になってからでした。

　特に1920年代に「見るスポーツ」が世界中で発展しました。1920年代というのは、第一次世界大戦が終わった直後ですね。第一次世界大戦が終わると、第一次世界大戦はアメリカの力で終息しましたから、それまでは新しい何かよく分からない国と思われてたアメリカが実は非常に強い国で、国際政治にも長けているということが分かった。一気にアメリカというのはすごい力がある国なんだなというふうに、みんなが認めるようになります。

　ヨーロッパで、アメリカナイズの時代が始まりました。アメリカの文化というのはどうやって伝わるかというと映画です。映画を見るという娯楽が当時結構盛んになってきて、まだテレビはないですけど、テレビがないだけに映画館に行っていろんな珍しい映像見るっていうのは、すごく楽しいことだったわけですね。もちろん劇映画も人気がありましたけど、ニュース映画もとっても人気がありました。世界のいろんな出来事を動画で見れるんですから。で、ニュース映画の中でとても人気があったのはスポーツです。ニュース映画の人気トピックがスポーツだったわけです。特にボクシングとそれから野球ですね。野球のベーブ・ルースというホームランバッターと、それからボクシングのチャンピオンのデンプシーという人がスターでした。

　この時にスポーツというのは見せものとして面白いんだなというのが分かってきました。それで、オーストリアでプロサッカーができます。ヨーロッパで初めてプロサッカーができたのは、オーストリアです。それはユダヤ財閥によってですね。ヨーロッパの歴史の中では、ユダヤ系の人たちというのはやはり差別されていて、就ける職業が非常に限られていました。農業とか漁業とかそういう生産、何かを生産する産業は駄目だし、メーカーみたいなのも駄目だし、ユダヤ系の人

たちができるのは、金融と商社だけでした。金融と商社しかできなかったユダヤ系の人たちは、新しいビジネスというのをいつも探していましたけども、そんな中でプロスポーツというのも新しい大きなビジネスなるんじゃないかということで、それでオーストリアのユダヤ系財閥の人たちが、プロサッカーチームをつくったわけです。で、プロだからやっぱ結構強くなって、オーストリア代表チームは 1931 年にスコットランドに 5-0 で勝ちました。スコットランドは当時イギリス国外のチームには、負けたことはなかったんですね。翌年、オーストリア代表はイングランドとも試合して、負けたんですけど、3-4 の 1 点差でした。

　オーストリアでプロサッカーが盛んになると、ハンガリーがそれに続きました。オーストリアとハンガリーは二重王国といって、ウィーンに住んでいるハプスブルク家という王室を自分たちの王様としていただいていました。当時は兄弟みたいな国だったんですね。それでプロサッカーがハンガリーにも移ります。そうしたら、ハンガリーの人たちというのは、体は小さいけれども、スピーディーで、それで器用な人が多いんですね。今でもヨーロッパのサッカーでは、一人一人のテクニックとかは、ドイツ人とかよりも南のほうのクロアチアとかの人のほうがうまい人多いですよね。ハンガリーはイギリスに乗り込んでいって、イギリス代表にも勝ってしまいます。ハンガリーがつまり 1940 年代から 50 年代にかけて世界最強になるんですね。戦中戦後の世界最強のサッカーチームは、ハンガリー代表だったわけです。

6.　戦後ドイツ史の中のサッカー

　やっと戦後のお話をします。1954 年 W 杯・スイス大会の決勝で、その大変強かったハンガリー代表に西ドイツ代表が勝って初優勝します。ドイツにとっては、戦争に負けてまだ 9 年目ですね。ドイツの敗戦というのも、日本と同じかそれ以上に過酷なものだったといわれています。何しろドイツは全土で戦車による地上戦があって、空襲も日本同様にひどくありましたし、町が全部壊れていて、ヒトラーは自殺してしまったし、ナチスの幹部とかはみんな自殺するか、逮捕されるか、殺されてしまいましたから。日本と違って政府が丸ごと壊滅したんですね。

　なので国を立て直すにも非常に時間がかかったし、しかも日本と違ってアメリカだけではなくて、アメリカとイギリスとフランスとソビエト今のロシアが分割して占領しましたから、話がものすごく複雑になって、やっと 1949 年に東西ドイツが建国されたわけですね。やっとの思いでドイツという国が再開したわずか

5年後にW杯で優勝したわけです。このW杯の決勝で、ハンガリーと当たって、絶対勝てないと言われていたのに、勝っちゃうわけですね。それは1つには、ハンガリーとドイツは（当時西ドイツですが）2回戦っていて、最初は予選リーグで戦って、その時は8対3で負けます。8対3というのはサッカーではかなりぼろ負けですよね。で、やっぱり駄目だと、ハンガリーにはとてもじゃないけど歯が立たないと言っていた。

　ところが、決勝戦では雨がざあざあ降っていました。当時のドイツ・ヘルベルガー監督が「雨が降ったら分からないよ」って言ってたら、本当に雨が降ったんですね。最初は、ハンガリーのほうがうんと動けていて、2点、立て続けに取ってしまいます。やっぱり駄目だっていう感じなんですが、だんだんに雨がひどくなってきて、当時のことですから水はけもあんまり良くないので、グランドがぐじゃぐじゃになってきます。そうするとドイツ人は、体力は結構あるし体もおっきいんですね。しかも当時アディ・ダスラーという、今のアディダスをつくった人ですが、このダスラーという靴職人が、靴の底のスパイクをサッカーシューズの釘を取り換えることができるシューズを開発して、それをドイツチームに売り込んでいました。で、西ドイツチームは雨用の靴に切り替えて戦ったんですね。

　ハンガリーチームは次第に疲れてしまって、ドイツチームは押せ押せになっていって、3点取り返して勝つわけです。W杯の決勝で2点取られた後、3点取り返して勝つというのはなかなかないことですが、そういう奇跡の優勝を遂げました。それで西ドイツは非常に沸くわけですね。戦争に負けて、その上、ヒトラーがたくさんひどいことをしていたってことが、だんだん分かってきて、自分たちもうすうすは思っていたんだけど、こんなにひどいユダヤ人の虐殺とかしていた。ドイツはもう国際的に信頼は得られないだろう、国際的に再び立ち上がることはできないだろうと思われていたのに、サッカーでは優勝できたってことですね。

　しかもヒトラーはサッカーが好きじゃなかった。ヒトラーはギリシャマニアでしたから、古代ギリシャのオリンピックには憧れていて、1936年のベルリンオリンピックも、もうすごくギリシャの匂いをむんむんさせて、聖火ランナーなんていうのも、ナチスが発明したものですけども。だから、戦後はちょうど良かったんですね。ナチス的ではない、軍隊的でもないものが戦後のドイツを象徴する文化になれるかもしれないという希望が生まれた。

　それで10年後にはブンデスリーガも、本格的にプロサッカーリーグとしてスタートしますし、それからその後W杯は2回優勝しますけど、これもまた運命

的な話でした。東西ドイツはそろって 1972 年に加盟しますが、その東西のドイツの国連加盟を世界にアピールするために、72 年にはミュンヘンでオリンピックをやって、74 年には西ドイツでサッカー W 杯をやります。その時にベッケンバウアーとか、何人ものスター選手もいるドイツチームが優勝しました。しかも、この時の予選リーグでは、最終的に優勝する西ドイツに、東ドイツが 1-0 で勝利を収めてもいます。

　それからやがて 89 年にはベルリンの壁が崩壊して、90 年には再統一が果たされますけども、再統一の直前の 1990 年の 6 月に再び西ドイツチームは優勝することができる。ですから、90 年っていう年は W 杯の優勝と、ドイツの再統一を祝ったっていう大変な思い出の年なんですね。そういうわけで、戦後のドイツにとってサッカーというのは大変大切なものになりました。

　そんな歴史があるので、サッカーというものを使って、ドイツは自己アピールもしようとするようになっていきます。戦後ドイツのやり方っていうのは、昔を忘れていないけれど、今は全然違うよというようなことを、いろんな形で表現するわけです。だからドイツに行きますと、ここに何と言うユダヤ人が住んでいた、ここに何と言うユダヤ人家庭があった、その人たちはどこに連れてかれて、何年に死んだとかいうのが、たくさんたくさん石碑や、プラカードみたいなのが立っていたり、あるいはユダヤ人追悼の記念碑みたいなものも、たくさん立っているわけなんです。

　そんなものの一つにこれがあります。これはベルリンの連邦議会議事堂（次頁写真参照）です。これはナチスの時代にヒトラーが使っていた議事堂なんですけども、再統一後の首都がベルリンになった時、非常に議論があったんです。そもそもベルリンを首都にすること自体良くないんじゃないか、つまりベルリンを首都にしたら、またドイツは強くなって周囲の国を支配し始めるというふうに思われるんじゃないか、と。実際今だって EU の中でドイツは圧倒的に強くて、影響力が大きいですよね。でもそんなに怖がられてはいません。それは、ドイツのアピールが成功しているからで、これはその例なんですが、議事堂は当時のままです。ですけど、後ろにプラネタリウムみたいのがありますよね。あれが新しい部分で、つまり外側は昔のままにしておきながら、内側を変えてるんです。内側はこんなふうになってまして、日の光が差し込むドームなんですね。あのドームの中こんなふうなってまして、それで太陽光の下でこの下に議事堂があります。なので、人々は議事堂の上に上って、国会議員たちが話し合ってるところを上から見下ろすことができるんですね。つまり、白日の下で、人々の上じゃなくて下に

立法機関があるという。そういうとてもベタな感じですけど、民主主義を形にして表現してるような建物ができています。

　それと同じ発想でやったのが、このベルリンのオリンピックスタジアム（下掲写真参照）で、これはベルリンオリンピックの時にやっぱりヒトラーが建てさせたスタジアムですけども。国が、国がオリンピックを主催するようになった最初の、事実上国がオリンピックを主催するようになった最初の大会で、それまでとは比べものにならないぐらい、巨大なスタジアムが建ったわけです。こういう巨大スタジアムというのは、ナチスの発想だから良くないっていう意見もあったんですけど、これもさっきの議事堂と同じような考え方で、忘れてはいないと、ナチスのものは忘れてはいない、忘れてはいないからこそ残している。残しているけども、中身は全然違うんだということです。

　2006年、サッカーW杯ドイツ大会の時、あえてここで開会式もやり、いくつかの試合もやり、決勝戦もここでやりました。で、ドイツの町がことごとく歩行

左上：ドイツ連邦議会議事堂の外観
左下：ドイツ連邦議会議事堂の内部
右上：ベルリン・オリンピアシュタディオン
右下：2006年W杯ドイツ大会時、ベルリンの屋外パブリックビューイング会場

者天国になっていて、そこにパブリックビューイング会場（前頁写真参照）が無数につくられていました。それで "Time to make friends" っていうのが大会のキャッチフレーズで、"Time to make friends" って言葉が至る所に貼ってあって、それで世界中からやってきたサッカーファンが、いろいろな W 杯の試合を見ながら、僕も行ってましたけど、それこそウクライナとトーゴの試合を、オランダとどこぞの人が一緒に話し合いながら見てるとかいうような、そういう光景が至る所にありました。

　そんな形を実現することで、今のドイツが、今大変ですけど、かろうじて EUの中で支配的な力を持っていながら、信頼を勝ち得ているというのは、サッカーでこんなことを表現してるからというのも、確かにあるんです。

サッカーと日本人らしさの言説

有元　健
国際基督教大学準教授　社会学

1. はじめに

　イギリス留学時代にサッカーの通信員というアルバイトをしたことがあります。ある試合後の取材で、私は敗れた監督に向かってこう聞きました。「今日は日本人選手に PK を取られたが、どう思いますか？」。なんとか日本人読者向けのコメントを引き出したいと、我ながらばかげた質問をしたわけです。気さくで知られるその監督は憤りを隠そうともせずにこう答えました――「日本人だろうが中国人だろうが PK は PK だ！」。なるほどもっともですよね。そもそもピッチ上の出来事の分析に、民族や宗教、人種などを持ち出す必要はないわけです。後にグラスゴーの強豪セルティックを中村俊輔中心のチームに作り上げることになるゴードン・ストラカン監督のこの一言が、私自身が暗黙の裡に囚われていた「日本人コンプレックス」から解放してくれたともいえます。それから 20 年近くが過ぎ、いまや多くの日本人選手がヨーロッパなど海外でプレーするようになりました。しかし、日本人選手や日本サッカー、さらに日本代表を語る言説はあまり変わっていないような気がします。それがサッカーに「日本人らしさ」を投影する言説です。おそらくサッカーファンのみならず多くの人々が、「日本人は勤勉で規律正しく技巧に長けている。サッカーでもそのような日本人の国民性を活かすべきである」とか、「日本人選手は日本人の特徴である技術と勤勉さによって海外で活躍できている」といった語り口に違和感を覚えないのではないでしょうか。このように当たり前に受け入れられている国民性とサッカーを結びつける語りは、本当に正しいのでしょうか？　それとも間違っているのでしょうか？

　あるいは次のように問うてもいいかもしれません。なぜそのような語りは繰り返し生み出されるのか、と。今日はこうしたことを考えてみたいと思います。キ

ーワードは、ステレオタイプ、そして不安と欲望です。

2.　スポーツと想像の共同体、そしてスタイル

　まず、そもそもどうしてスポーツを語るときに国民性の話が出てくるのかを確認しておきましょう。イギリス人の歴史家エリック・ホブズボームが論じるように、近代スポーツは 20 世紀前半とりわけ戦間期に想像の共同体を形成する重要な文化的資源となったといいます（『ナショナリズムの歴史と現在』）。想像の共同体とは政治学者ベネディクト・アンダーソンが近代世界の国民国家形成を論じる際に提示した用語ですが、端的にいうと、直接出会うことはなくとも新聞などのマスメディアを通じて言語空間や時間軸、話題を共有する人々が想像の中で結びつき、それが政治的単位として「私たち国民」となることを示したものです（『増補　想像の共同体』）。近代の国民国家が成立・成熟するためにはこうした国民意識の形成が不可欠ですが、オリンピックやサッカー W 杯など各種の国際的スポーツ競技大会が盛り上がる 20 世紀前期が、世界的にこうした国民意識の形成の時期と重なり合います。日本でもオリンピックの参加や極東選手権大会、さらにそれらの代表選考予選を兼ねていた明治神宮競技大会などのスポーツイベントがこの時期に重なり、国民意識の形成、すなわち想像の共同体の形成に重要な役割を果たしました。つまりスポーツ（特に近代スポーツ）は、歴史的に国民的アイデンティティの形成と強く結びついてきたわけです。

　ではスポーツが国民的アイデンティティと結びつくあり方はどのようなものでしょうか。まず考えられるのが、スポーツは観戦者に立ち位置を与えるということです。現代でも W 杯やオリンピックが新聞やテレビなどのマスメディアで報道されるとき、「頑張れ、ニッポン！」といった語りが読者や視聴者に届けられます。有名なのは 1936 年ベルリン・オリンピックの女子 200m 平泳ぎの決勝を報じたラジオの実況です。日本の実況者は途中から「前畑ガンバレ！　前畑ガンバレ！」を繰り返し、そして前畑秀子選手が優勝すると「勝った！　勝った！　勝った！　勝った！」と連呼します。この放送を日本で固唾を飲んで聞いていた聴衆は、前畑選手の勝利に歓喜したことでしょう。またテレビでサッカー日本代表戦を観るとします。そこでもよく「ニッポン危ない！」とか「ニッポン、チャンス！」といった実況が入ります。しかし考えてみると、これは客観的な事実ではなく日本チームの立場から見た出来事の解釈です。相手から見るとその時起きている現象は逆の意味となりますからね。こうしてスポーツは「自国」対「他国」

＝「私たち」対「他者」という対立図式を作り、視聴者や応援者はその図式を自然と受け入れ、自国の立場から出来事を解釈するまなざしを内面化することによって、「私たち○○人」という国民的アイデンティティへと導かれるわけです。

　しかし今日考えたいのはもう少し複雑な国民的アイデンティティの構築に関してなのです。それはサッカーのプレースタイルを語る言葉が、国民を定義していくような同一化のプロセスです。実際のスタジアム観戦でもテレビの映像を通じてでもいいのですが、私たちがサッカーを観るとき、何かあらかじめ「このチームはこのようなプレーをする（はずだ）」という予測のようなものを抱かないでしょうか。例えば FC バルセロナであればショートパスを繋ぐサッカー、ブラジル代表であれば華麗なドリブル、といったものです。日本代表であれば、「組織力や連動性、技術」といったイメージです。実はこうしたプレースタイルを語る言葉、あるいはそのイメージといったものが、サッカーと人々のアイデンティティ感覚を結びつける重要な役割を担うのではないかという議論があります。サッカー社会学ではいまや古典ともいうべき研究ですが、フランスの人類学者クリスチャン・ブロンベルジェの議論です。

　ブロンベルジェは 1980 年代と 90 年代のフランスやイタリアのクラブチームのファン文化を研究しながら、ファンが自分たちのクラブと自分たち自身の人生を重ね合わせるときに重要な要素となるのがプレースタイルであることを発見しました（Bromberger, 1993a, 1993b）。例えばイタリア南部の港町ナポリのサポーターは、チームに所属するアルゼンチン代表ディエゴ・マラドーナやブラジル代表カレッカといった選手の創造的で遊び心豊かなプレースタイルに自分たちを映し出しました。港町気質の自分たちは人生の一瞬一瞬を楽しむのであって、イタリア北部工業地帯のライバルチームであるユベントスのような工場労働のように規律化されたプレースタイルとは相容れないわけです。つまりブロンベルジェによると、町のクラブであれ、国家代表チームであれ、人々がそれを「これが私たちのチーム」だと強く感じるとき、それはそのチームがプレースタイルを通じてその人々＝共同体の象徴とみなされるからだというのです。「私」のアイデンティティではなく「私たち」のアイデンティティのことを集合的アイデンティティといいますが、彼はプレースタイルと集合的アイデンティティのこうした象徴・照応関係を論じたわけです。

　本日の講義もこのブロンベルジェの議論を出発点とします。つまり、日本代表のプレースタイルと「日本人」であることの集合的アイデンティティが象徴的・照応的に語られることについて論じていきたいのです。しかしあらかじめ注意し

ておきたいのですが、ブロンベルジェは、プレースタイルがその地域の人々の「現実」を映し出すと論じているのではありませんし、また逆に、私たちの期待が「現実の」プレースタイルに対応していると論じているわけでもありません。むしろプレースタイルと集合的アイデンティティの象徴・照応関係には、多分に人々の想像／空想が含まれるといいます。ファンが「私たちのチーム」としてそのチームに同一化したいという欲望を持つとき、その欲望を充足させるカギとなるのがプレースタイルなのですが、必ずしも現実のプレーがそれに合致しているとは限らないのです。まとめておきましょう。サッカーのプレースタイルを語る言説はそのチームを応援する人々の集合的アイデンティティの構築と深く結びついています。しかしそれは、現実を必ずしも反映するものではなく、人々の想像力や欲望を映し出しているともいえるのです。本講義では、そこに潜む様々な問題点を明らかにしていこうと思います。

3.　国民性のステレオタイプ

　それでは具体的な事例を見ていきましょう。以下は 2011 年 12 月 6 日付の朝日新聞に掲載された対話です。後に新国立競技場のデザイン案でも知られることになる著名な建築家の隈研吾氏と 2010 年 W 杯南アフリカ大会で日本代表監督を務めた岡田武史氏が日本人について語り合っています。

> 隈：日本人はそもそも建築とか、都市デザインに向いている国民性。サッカーでもありますか。
> 岡田：同じアジア人でも中国人や韓国人には、日本人のような繊細さはない。かわりに力強く、パワフル。あと、日本人は勤勉。
> 隈：日本の建築って、自然にうまく対応しながら、しかも人間を安心させるような技の集積体。日本人は対応力がある。
> 岡田：日本人のサッカーもそうしないといけない。（中略）大雑把ではなくてデリカシーのあるサッカーだな。

　建築とサッカーというそれぞれの世界で名を成した両者のこの対話は、皮肉にも「ステレオタイプ」という概念を学ぶ最適な教材になっています。イギリスのメディア研究者スチュアート・ホールによれば、ステレオタイプとはその人間集団をある特徴に還元・単純化し、その特徴を誇張し、それが歴史的に変化しない

ものとして固定化する概念表象ですが、ここでも「日本人」が繊細さや技、対応力といった特徴に還元され、内側の差異と歴史的変化が無視されています。内側の差異とは、日本人といっても世代やジェンダー、社会階層、あるいは個々の生活環境や性格的傾向などに応じて、全く性質や特徴の違う人々がいるという当たり前の事実です。そして歴史的変化とは、数百年前の日本社会・日本人と現代の日本社会・日本人は異なったものであり、社会及び人間は歴史的に変化するという事実です。例えば現代の日本人の若者は、グローバルにかけめぐる情報をケータイで瞬時にとらえ、SNSで拡散させるなど他の先進国の若者と多くの文化的特徴を共有しています。それはコミュニケーションのあり方やひいては人間同士の関わり方を変えるわけで、メディア環境などの社会インフラの変化は人間のあり方そのものに強く影響するといえます。そう考えると、現代の日本人の若者が200年前の日本人の若者と本来的に同じ特徴を持つといった議論は怪しいものとなるのです。これだけでも、ステレオタイプによる国民の語りが問題を含むことは明らかです。しかしこの対話からは、ステレオタイプに潜むさらなる問題点も見てとることができます。

　一つは、岡田さんが日本人だけでなく韓国人や中国人にも言及していることです。少し難しくなりますが、ここには哲学者である酒井直樹が「対─形象化」と名付けた事態が生じています。酒井によれば日本人とは「日本人ではないもの（例えば中国人や西洋人）ではない」という二重否定形として定義されるといいます（『死産される日本語・日本人』）。したがって日本人をまとまった同質的な集団として定義しようとするとき、その対となる"日本人ではない"韓国人や中国人をまとまった同質的な集団として定義せざるを得ないことになります。つまり、自国民に対するステレオタイプは他国民に対するステレオタイプを同時に生み出すということです。そしてそれらはお互いに対照的な要素を持つものとして定義されざるを得ません。なぜなら日本人と韓国人と中国人の特徴がすべて同じであれば、それは互いを差異化するための特徴にならないからです。ちなみに韓国のメディア研究を行っている私の友人によれば、韓国代表の特徴が「勤勉さ」だと報じられることもあるそうです。差異を作る境界線が実のところ恣意的なものであることをよく表しています。

　もう一つ、この対話がひっそりと暴露していることがあります。それは、現実がステレオタイプ的イメージと乖離しているということです。ここで岡田さんは「日本のサッカーもそうしないといけない」と述べています。そうしないといけないということは、現実にはそうなっていないということです。もし日本人の特

徴が繊細さであり、全てのとまではいかなくとも大多数の日本人に国民的特徴と
してそれが現実に備わっているのであれば、日本のサッカーは別段手を施さなく
ても自然に「そうなる」のではないでしょうか。私はかつてアンダー世代の日本
代表監督に彼が招集した選手の特徴について尋ねたことがあります。そのときの
回答は、選手たちには組織力もないし試合で使えるような技術もないというもの
でした。ここでステレオタイプの重要な側面を認めることができます。すなわち、
ステレオタイプは現実の認識を抑圧したり歪めたりするということです。岡田さ
んの言葉は、今から100年近くも前に表れた次のような語りを反復していると
いえます――「現在団体行動は我が国民の身体動作の中で最も未熟なものの一つ
である。しかしそもそも我々は規律や節制、秩序だった動作に長けた国民である」
(『国家及国民の体育指導』)。この一文はある軍人によって書かれたものですが、
それが興味深いのは、目の前にいる日本人は団体行動が全くできないと嘆きなが
らも、そもそも日本人の特徴は規律や秩序立った行動だと断言しているところで
す。つまりこの著者は、目の前の現実を否認してでも自分が信じたいもの、すな
わち「日本人」があたかも生得的に持っている特徴とされるものを信じようとし
ているのです。「日本人はこうあるはずだ、いや、こうあって欲しい」という欲
望がここには存在しています。この欲望を前にして、現実は歪められるのです。

4.　サッカーという競技

　サッカーという競技はとりわけ国民性のステレオタイプが象徴されやすい種目
だといえるでしょう。もちろん陸上短距離その他の競技についても日本人の身体
的特徴と技術力がステレオタイプ的に語られていることは事実です(森田浩之『ス
ポーツメディア解体』を参照)。しかしながらサッカーはその複雑性において他
の競技に抜きん出ているといえます。例えばバスケットボールやバレーボールで
は身長の高さがゲーム性に決定的な影響を与えます。あるいは個人のスピードや
筋力が極めて重要な要素となる競技も多いでしょう。しかしサッカーという競技
では様々な要素が複合的に絡み合っています。身体能力にはサイズ、スピード、
スタミナ、敏捷性、パワーといった要素があります。技術についても守備と攻撃
それぞれに様々なものがありますし、戦術についても個人戦術、数人のグループ
戦術、11人のチーム戦術と様々な段階があります。これらが複雑に絡まり合い
ながらゲームが進行していきます。その中でチームとしての長所と短所の組み合
わせのパターンはいくつもありますから、何か投影したい特徴をそこに見いだす

のは難しくないのです。そういうわけで、サッカーのプレースタイルは国民性を映す鏡のようなものとして認識されやすいのでしょう。

　上述の岡田さんもそうですが、日本のサッカーは日本人の特徴を表現しているはずであり、その「日本人らしさ」が表現されたプレースタイルで世界と互角に渡り合いたいという願望・欲望は幅広く浸透しているようです。2014 年 W 杯ブラジル大会の期間中、スポーツ雑誌『Number』に日本代表評を連載していた元日本代表選手の中田英寿氏は、「日本らしい連動するサッカー」が見られなかったことが最大の問題であるとしました。中田さんは大会前から「日本人らしいサッカースタイル」にこだわっていました。また、日本サッカー協会がこれまで発行してきた指導者向けの冊子でも、各世代の代表監督や技術委員長など日本トップレベルの指導者たちがそのような意見をたびたび表明しています。2007 年に発行された『U-12 指導指針』でも「日本人には日本人のストロングポイントがあります。日本人のストロングポイントである理解力、集中力、勤勉さ、協調性、持続力、俊敏性などを生かしていくサッカーを目指していくべきであると考えます」と書かれています。そして、「世界のサッカーはそのような日本人のストロングポイントを生かせる方向に進んでいる」とも述べられています（皮肉なことに日本代表チームはそれ以降 FIFA ランキング順位を下げるのですが）。

　さてここで考えてみたいのは、なぜ人々はそこまでしてサッカーに「国民性」を投影したがるのかということなのです。ここには二つの欺瞞があるといえるのではないでしょうか。一つは、「日本人には勤勉さや協調性などの特徴＝国民性がある」と語りに根拠がないということです。そもそもこれらは数値で測れるような価値ではありませんし、先ほども言ったようにそもそも日本人というグループの中に多様性があるからです。もう一つは、そうした国民性がサッカー（とりわけ日本代表）に投影されるはずであり、そうすべきだという思い込みです。海外のサッカーが好きな方はフランスやイギリス、ドイツなどの強豪国の代表には多くの移民（2 世・3 世）が含まれていることを知っているでしょうし、そもそも日本代表にも帰化選手やハーフの選手がこれまでたくさん含まれてきました。つまり、現実の代表チームは多人種化・多文化化しているにもかかわらず、空想上の同質的な国民性が反映されたチームとして日本代表チームを想像したいという欲望があるのです。これはもはや、サッカーを通じた国民的アイデンティティをめぐる一種の強迫観念ともいえるものです。

　2014 年に U-17 女子 W 杯で日本代表が優勝した時、著名なサッカーライターの金子達仁氏は「「日本」を表現し世界一になったリトルなでしこ」と題した次

のような記事を書いています。

> ドイツのサッカーを見る時、わたしはそこにメルセデスやポルシェをだぶらせる。バッハの音楽を思い出す。重厚でパワフルで、極めて論理的なプレースタイルは、ドイツの精神が生み出してきたものと当然のことながら似通っている。（中略）海外の人たちは日本人を勤勉だという。組織的だとも、緻密だとも、正確だともいう。だが代表チームを含めた日本のサッカーに、わたしは日本をあまり感じなかった。監督が代わるたびに根幹まで変わってしまう。いったいこのサッカーのどこに、セイコーの緻密さやプリウスの先進性を見いだせばいいのか。そこが大いに不満だった。だから、しびれた。リトルなでしこの戦いぶりに、心底しびれた。彼女たちが展開したのは、日本人が、外国人がイメージする日本そのものだった。日本企業が、和食が、アニメが、つまりありとあらゆる日本人が作り上げてきた日本のイメージを、彼女たちはサッカーで表現してくれた。（金子達仁『スポニチ』2014 年 4 月 13 日）

　この金子さんの記事はサッカーと国民性を考える上で非常に重要な論点を含んでいます。まず金子さんは、ドイツのサッカーと「メルセデスやポルシェ」そして「バッハ」を重ね合わせ、重厚でパワフルで論理的なプレースタイルがドイツの精神を反映していると述べています。つまりサッカーがドイツの工業製品や音楽といったサッカー以外の要素と結び付けられているのです。これは日本代表のサッカーを「セイコー」や「プリウス」、「和食」や「アニメ」などと同列に認識しようとする態度にも現れています。サッカーをめぐる言説は、サッカーを越えた他の諸要素と等価的に位置づけられながら国民性を語るわけです。

　また、著名なサッカージャーナリストであるはずの金子さんが、2014 年という時代にもかかわらず、ドイツのサッカーを単純化しているということにも注目すべきでしょう。先ほども触れましたが、2014 年のドイツ代表チームにはメスト・エジル（トルコ系）、ジェローム・ボアテング（ガーナ系）、サミ・ケディラ（チュニジア系）、ルーカス・ポドルスキー（ポーランド系）、シュコドラン・ムスタフィ（マケドニア系）、マリオ・ゴメス（スペイン系）など主力級にも数多くの移民系の選手が名を連ねていました。もし金子さんが彼らをも含めて伝統的なドイツの精神を反映していると主張しているならばそれはそれですごいことですが、おそらくはただ素朴なステレオタイプを表現したのだと思います。つまり

ドイツ代表が現実には様々な民族的・宗教的・人種的背景を持つ選手たちの混在するチームであり、その事実を知っているにもかかわらず、その複雑性・異種混交性がないものとして代表チームを語っているのです。あらためてステレオタイプとは現実の複雑性を否認・抑圧することによって成立していることがわかるでしょう。

　しかし私はここで金子さんの発言、あるいは金子さん本人を批判したいわけではありません。むしろこの記事に表出されている欲望のメカニズムを分析することによって、日本代表をめぐる一般的な言説がどのような社会的病理と結びついているかを明らかにしたいのです。精神分析の言葉に「症候」というものがあります。これは無意識へと抑圧された心の傷が何らかの形で表面化するその症状のことを指します。この記事にも、さらに重要な症候を見てとることができます。以下、それを論じていきます。

5.「日本人論」と不安

　金子さんの書かれたこの記事で、最も注目しなければならないのは（＝症候的なのは）、彼が単にリトルなでしこが「日本人らしいサッカー」をしたから、あるいはそれで勝利したから喜んでいるのではないということです。「彼女たちが展開したのは、日本人が、外国人がイメージする日本そのものだった」と彼はいいます。とてもややこしい言い回しですが、ここで金子さんは、外国人（西洋人でしょう）が日本人をまなざし認知する特定のパターン（ステレオタイプ）に、「現実の」日本人が当てはまったことに喜びを感じているのです。つまり彼は、「日本人（リトルなでしこ）が他者（西洋人）が欲望する日本人であることを欲望していた」ことになります。かつてエドワード・サイードは、西洋社会がオリエントをまなざし、ステレオタイプ的表象の中に閉じ込めていく権力構造をオリエンタリズムと呼びました。ここではそうしたオリエンタリズム的まなざしに自らが合致することを喜ぶという奇妙な快楽が生じているわけです。そしてこれは、いわゆる「日本人論」の一つの重要な特徴ともいえるのです。

　文化人類学者の船曳建夫は『「日本人論」再考』の中で近代以降生産された数々の「日本人論」を分析しながら、そこに以下のような傾向を見いだしています。明治以降の近代化において日本人は西洋に対する劣等感を抱きながらそれに追いつこうとしますが、日本が西洋の外部であることは事実として変わらないため、つねに「不安」がつきまとうことになる。日本人論とはそうした不安が高まった

ときに生み出されるが、それは「近代の中に生きる日本人のアイデンティティの不安を、日本人とは何かを説明することで取り除こうとする」ものだというのです。ですから、そもそも日本人を単数形で語るような日本人論には、西洋のまなざしと自己への不安が内在していることになります。これをふまえると、金子さんの奇妙な言い回しを理解することができます。つまり、日本人であることのアイデンティティの不安（日本のサッカーに日本を感じなかったと彼は言っています）は西洋人のまなざしに映る日本人イメージと現実が合致することによって解消され、それによって喜びが生じているのです。

　さらに金子さんが日本のサッカーをセイコーやプリウス、和食といった日本の「技術」と結びつけていることも戦後の日本人論の特徴です。社会学者の阿部潔は『彷徨えるナショナリズム』の中で、戦後の日本社会が「技術」という概念と国民的アイデンティティをどのように結びつけてきたかを明らかにしています。敗戦後、日本では天皇制を中心とした「日本的なもの」が政治的にタブーとされ抑圧されていきますが、その一方で科学・技術立国を目指す動きが進みます。そして 1970 年代から 80 年代に電子関連企業が世界的に躍進することでそれが現実のものとなります。そのとき、戦後抑圧された日本的なものを肯定したいという欲望が、「技術」という領域に置き換えられ、満たされることになったのです。こうして敗戦後のコンプレックスは「日本の技術」の世界的評価によって払拭されますし、私たちはそれを反転させ「技術の日本」として国民的アイデンティティを構築してきたわけです。『プロジェクト X』や『陸王』といったテレビ番組はそうした国民的アイデンティティを刺激したからこそヒットしたのではないでしょうか。しかしここで問題なのが、日本の技術が世界的に評価されたことは事実であっても、「技術こそが日本人の特徴である」と反転したとたん、それはステレオタイプになるということです。日本が経済的に停滞すると必ず「技術立国」が叫ばれるように、技術への執着は不安と強く結び付いているのです。

6.　おわりに

　今日はサッカーと日本人らしさについて、というよりも、サッカーと日本人らしさを結び付けて語る言説について語ってきました。勤勉、協調性、技術といった空想的なステレオタイプで日本のサッカーを語るのはもうやめませんか、という話でした。1964 年東京オリンピックの有名なポスターをデザインした亀倉雄策は次のように言ったといいます――「日本人は時間を守るとか団体行動に向い

ているというのは嘘だ。どちらも東京オリンピック以降に確立したものだ。みんなそのことを忘れている」(『Tokyo オリンピック物語』)。もし仮に「日本人」なるものに全体的な傾向や特徴があるとすれば、それは歴史のある時期に形成され次の時代には変容する一時的なものでしょうし、「日本人」そのものが多様な人々からなる複雑な集合体であることを考えると、それすらも疑わしいでしょう。みんながその現実を忘れることでしか国民性といったものは存在しえないのです。元オリンピック日本代表監督でNHKサッカー解説者の山本昌邦氏は次のようにいっています。

> オランダとコスタリカが示してくれているように、日本の選手のいいところを活かすサッカーが、日本らしいサッカーということになる。どの選手をどう組み合わせるかによって、どういうサッカーをするかは変わってくる。つまり、日本らしさは不変ではないのだ。日本らしいサッカーが一人歩きしてしまっているのが残念でならない。(山本昌邦のW杯分析「コスタリカらしいサッカー、日本らしいサッカー」2014年7月8日 http://web.gekisaka.jp/news/detail/?142759-142759-fl)

　山本さんの語るこの当たり前の事実を覆い隠しているのが日本人らしさのステレオタイプであり、そしてそれは社会的病理なのです。サッカーに規律、勤勉さ、協調性、技術といった日本人らしさのステレオタイプが投影されるとき、それはもはや現実のサッカーとは関係なく、近代以降の日本社会が抱えてきた西洋に対するコンプレックスや不安が表出したものだといえるのです。それは私たちが私たち自身を歪んだまなざしで見ることに他なりません。
　実のところ、ステレオタイプは私たちが普段使っている貨幣にも似ています。貨幣というのは、たとえ1万円札であってもその物自体にはほとんど価値はありません。人々はそれを繰り返し交換に使ってきたし今後もそう振る舞い続けることによって貨幣自体があたかも価値を持っているかのように見えるのです。ステレオタイプの根拠は脆弱です。現実を注意深く見るとその空虚さが露呈します。しかしながら貨幣と同じように繰り返し使われる続けること、すなわち反復によって、あたかもそこに内実があるかのように見えるのです。日本のサッカーを語るステレオタイプが異口同音に反復される理由がそこにあります。それは現実にそうだからそう語られるのではなく、そう語り続けなければ現実がそうでないことが露呈してしまう、つまり日本人のアイデンティティが保てなくなるということ

なのです。

　サッカーは国民的アイデンティティがなければプレーしたり観戦したり応援したりできないのでしょうか。もちろんそうではないはずです。またサッカーの中に選手の多様性、プレーの多様性という現実を認めることが、日本社会そのものの多様性や複雑性を認めることにもつながるのではないでしょうか。コンプレックスや不安はステレオタイプを通じて次世代に転移していくのかもしれません。みなさんがその反復を止める人々であってほしいと思います。

【参考文献】

阿部潔（2001）『彷徨えるナショナリズム』世界思想社.

アンダーソン, ベネディクト（1997）『増補　想像の共同体──ナショナリズムの起源と流行』白石さや・白石隆訳, NTT出版.

岡千賀松（1922）『国家及び国民の体育指導』陸軍戸山学校将校集会所.

酒井直樹（2015）『死産される日本語・日本人：「日本」の歴史─地政的配置』講談社学術文庫.

野地秩嘉（2011）『Tokyoオリンピック物語』小学館.

船曳建夫（2010）『「日本人論」再考』講談社学術文庫.

ホブズボーム, エリック（2001）『ナショナリズムの歴史と現在』浜林正夫他訳, 大月書店.

森田浩之（2009）『スポーツメディア解体』NHKブックス.

Bromberger, Christian, et.al (1993), "Fireworks and the Ass" in S. Redhead ed. The Passion and the Fashion: Football Fandom in the New Europe, Avebury.

サッカーが作る「私たち」という感覚
—— プレースタイル・「物語」・集合的イマジナリー ——

山本敦久
成城大学教授　スポーツ社会学

1. 「私たち」という感覚

We are REDS! We are REDS ！

　サッカーが好きな人なら誰もが耳にしたことがあるコールですね。みなさんの
なかにも週末に、スタジアムやテレビの前でコールしている人がいるかもしれま
せん。言うまでもなく、浦和レッズの熱烈なサポーターたちが大事な試合の前に、
チームが苦しんでいるときに、あるいはサポーターの仲間たちと勝利の喜びを分
かち合うときに叫ぶコールですね。このあまりにも有名なコールを授業の導入と
した理由は、この「We」という複数性の主語について考えることから始めたい
からです。

　ボールのゆくえを先取りしながら瞬間ごとに形を変えていく 22 人の複雑な布
陣と、それを取り巻く数万人のサポーターが、スタジアムのなかで、まるで生き
物の巨大な群れのようになって、とてつもないエネルギーの波動を生み出すとき、
ピッチと客席の境界は溶解し、個々それぞれに様々な背景を持って生きているサ
ポーターたちの差異が消滅するかのような錯覚に陥る。まるで深海の巨大生物の
胃袋のなかにスタジアムごと飲み込まれたような濃密な一体感に包まれる。複数
性を指し示す「We」という主語でしか語り始めることができないような空間の
感覚をサッカーは生じさせるのです。

　90 年代の後半だったと思いますが、ローマに行ってスタディオ・オリンピコ
で試合を観ました。ちょうど中田英寿がローマでプレーしていた頃です。ローマ
の勝利に、スタジアムだけでなく、街中が飲み込まれていくんです。一晩中、ロー
マの街がサッカーの熱気から覚めないかのように。まさに「We」の感覚なん
ですね。僕は「ああ、これこそサッカーが生み出す集合的アイデンティティとい

うものなんだな」と肌で感じました。90年代後半というのは、まだ日本のスポーツ社会学のなかではそれほどサッカー研究が充実していたわけではありませんでした。イギリスのサッカー文化研究の論文や文献のなかで学んだサッカーの「集合的アイデンティティ」という概念の一端に触れた記憶がいまでも残っています。もちろん、プレーしているのは選手です。でも、サッカーという競技のなかでは、プレーする者とそれを見つめる者との間の境界線が束の間不安定になるんですね。だから選手とサポーターがひとつとなった複数性の「We」が立ち上がってくるのではないでしょうか。

でも僕はいつもスタジアムでこんなことを感じます。「確かに、僕らは、私たちは、こちら側は一体感を感じているけど、じゃあ、あの一角はどうなのか？」と。スタジアムには必ず、アウェーの席がありますよね。一体感のようなものに包まれているときに、ふと、敵チームのサポーターが目に入るのです。サッカースタジアムは、どこまでが「私たち」で、どこまでが「私たち」の境界で、どこからは違うのかがはっきりと展示される空間でもあるんですね。

もう一度、国内のサッカーに目を移せば、松本山雅と長野パルセイロの信州ダービーというのも興味深い。観たことがある人もいるでしょうが、『クラシコ』(樋元淳監督、2011年公開)というドキュメンタリー映画がありますよね。パルセイロと山雅の双方のサポーター、選手、スタッフ、街の人々のサッカーへの惜しみない愛とやるせなさが織り上げていくライバル関係を映し出しています。サッカーを通じて作られるライバル関係によって、明治時代以降それほど公的に可視化・言語化されてこなかったものが、現在進行的に憎しみの歴史として再確認されていく。長野市と松本市の人々が、互いが互いに向ける愛憎入り混じった複雑な感情の一端をうまく描き出しています。

少し余談ですが、松本の人たちは東京で「どこ出身ですか？」と聞かれて「長野県です」とはあまり答えない。「信州です」という人が多いんです。僕は長野市出身なので「長野です」と答えます。松本の人たちは、「長野」という呼び名に違和感を持ち続けているんです。長野県内（信州）のなかのふたつのライバル地域である長野市と松本市は、互いにひとつの県民だとは認めたくないわけです。会って酒を飲めば「信濃の国」という県歌を歌うほど県民愛が強いと言われる長野県民ですが、東京に上京してきて僕が松本の人と会うと一瞬は盛り上がるのですが、それぞれが長野市出身と松本市出身だとわかると、途端にもうそれ以上会話が続かないのです。幕末までは別の藩だった両地域です。いくつもの山に挟まれた別の郷土だったわけです。話し言葉も違う。それぞれにローカルな風習

がある。廃藩置県でそれぞれ筑摩県と長野県になり、その後、筑摩県は長野県に吸収される。こうやってひとつの県民にさせられてきた経緯がある。松本は県庁所在地を長野市に奪われたと考えているのです。このように明治時代の廃藩置県にまで遡る複雑な歴史のなかで人びとの暮らしの底流にあり続ける「ひとつにはなれない」という感情が、双方をホームとするサッカークラブの闘いをめぐって具現化、可視化されるのです。

　サッカーを通じて「地域」「都市」とサッカークラブとの間に作られる強力な紐帯は、「集合的アイデンティティ」という観点から考えていくことができます。ここで考えなければならないのは、アイデンティティが構築されるということは、その外部＝敵対関係がはっきりするということでもあるわけです。このようにサッカーにおける敵対関係が、都市同士の敵対関係を分節化（はっきりとさせる）し、同時に「私たち」「おらが町」という感覚を共有させていくという側面があるのです。

2.　プレースタイルとアイデンティティ

　そこでまず今日の講義では、サッカーを見ること、応援することによって、「私たち」という感覚が作られていくプロセスについて考えていきましょう。サッカーが「私たち」という複数性の主語を成り立たせる仕組みはどのようなものか。それをサッカーの社会学やサッカーの文化研究（カルチュラル・スタディーズ）はどう論じてきたのかについて話していきたいと思います。

　では最初に、「私」ではなく、サッカーを通じて作られる「私たち」という複数性の感覚を「集合的アイデンティティ」として捉え、このアイデンティティがローカル（町や地域）の習慣や生活や価値観とどのように結びつくのかを考えていきます。このアイデンティティは「階級」や「男らしさ」というジェンダーアイデンティティとも深く結びついてきました。このあたりは、今日の後半にお話しますが、イギリスのサッカー文化研究が豊富な分析をしています。いずれにせよ、サッカーが文化であるという所以はここにあります。サッカーを語り、サッカーについて考えることは、同時に、そこに関わる人々、彼ら／彼女らの暮らしや生活、その価値観、それらが醸成されてきた歴史を考えることでもあるのです。

　ある特定のクラブのサッカーとそれを応援する人びとを結びつけるのは、何よりも、そのクラブの「プレースタイル」だと言われています。「攻撃的なサッカー」「守備的なサッカー」「美しいサッカー」「泥臭いサッカー」といったさまざまな

語彙や表現によって、それぞれのクラブのサッカースタイルが形容され、それが継続され、サポーターたちもそうして形容されたスタイルを共有してきました。やはり、サッカー文化を社会学的に分析するときに、ピッチ上の選手たちの身体やその運動、戦略、そうしたものが言語化・分節化されたプレースタイルはとても重要です。

　僕もそうですが、この授業にも登場している国際基督教大学の有元健さんや、日本語圏にイギリスのサッカー研究を導入して新しいサッカー研究を展開している神戸大学の小笠原博毅さんは、90年代以降の日本のサッカー研究、いや、そればかりでなくスポーツ社会学に批判的なスタンスをとっています。なぜかといえば、多くのスポーツ社会学者がスポーツの議論をしているにもかかわらず、肝心のスポーツのプレーや身体運動を語らないし、考えないからです。いくつものスポーツ社会学の研究がこの20年にわたって精力的に出てきましたが、その多くは、とりわけスポーツの周辺的な問題を扱っています。プレーそれ自体が語られないのです。それはやはりおかしいわけで、スポーツというのは、具体的な身体の運動やプレーの技術があってはじめて成り立つはずです。ですから、僕や有元さん、小笠原さんは、スポーツの身体運動やプレーから議論を始めます。そうした身体運動やプレーがどうメディアに映し出され、どう観衆を魅了し、どのように社会と結びつき、あるいは逆に、アスリートたちの身体やプレーがどのように社会を変えていく可能性をもっているのかといったことを考えてきました。

　ですから、ここでも「プレースタイル」から議論をしていきたいと思います。そのためにまず、フランスの文化人類学者であるクリスチャン・ブロンベルジェという研究者のサッカーに関する優れた論考を見ていきます（ブロンバーガー, 2003）。ブロンベルジェは、次のように言っています。

　　「町のチームであれナショナルチームであれ、大きなチームはそのプレースタイルで知られており、ファンたちはそれをある特定の集合的存在を表象・代表するものとして認識する」（p137-138）

　プレースタイルと地域がどのようにサッカーを通じて同一化していくのかを考える糸口がここにあります。特定のサッカースタイルが、それを応援する人びとを表象（代理）しているというわけです。表象とは、"representation" です。繰り返し現前するということですね。つまり、サポーターたちの考え方、価値観が、自分たちが好きなクラブのサッカースタイルのなかに繰り返し現れているという

ことです。まるでプレースタイルが自分たちのことを代表しているかのようだというわけです。ところがすぐさまブロンベルジェは次のように切り返します。

> 「ファンたちが喜んで同一化するこのプレースタイルは、サッカー選手たちの現実のプレーに必ずしも対応するとは限らない――実際にはしばしばかけ離れているものだ。というのも、現実のプレーは監督が決定する多くの戦術的約束事にしたがって毎年更新されるからである」（p138）。

　言われてみれば確かにそうですね。現代サッカーは特にそうですが、選手も毎年入れ代わるし、監督だって交代する。新しい監督の戦術によって、やっているサッカーは毎年変わるわけです。ポゼッションサッカーの代表格であるバルセロナのサッカーも、メッシとネイマールとスアレスの時代には、それ以前のパスを細かく繋ぐサッカーとは違いますよね。得点のほとんどをこの３人がたたき出し、長いロングパスや走るカウンターからの得点も多かったわけです。
　クラブに限ったことではありません。日本代表のサッカーも監督や選手が代われば、プレーや戦術が変わる。これはあたりまえのことです。でも、日本のサッカーメディアは、「これが日本のサッカーだ」とばかりに、代表のプレースタイルと日本人性を重ね合わせる。「組織的守備」や「チームワーク」を日本代表のプレースタイルの伝統的な特徴だとし、さらにそれがまるで日本人の特性のように語ります。日本代表のサッカーは、「日本人らしさ」を表象しているというのです。このあたりは、有元さんの授業が詳しく論じているので、これ以上は立ち入りませんが、では、ブロンベルジェは「現実のプレー」とサポーターが同一化するプレースタイルが乖離しているということをどのように考えているのでしょうか。

3.　プレースタイルと「物語」

　ブロンベルジェは、サッカーのプレースタイルと人々のアイデンティティの間には現実的にはズレがあると言っています。監督の戦術によって毎年変化していくプレースタイルが、それでも、そのチームのスタイルだとみなされ、ファンたちの間で共有されていくのはなぜなのか。ズレているのに、プレースタイルに同一化するのはなぜなのか。そこでブロンベルジェは次のように説明しています。

　「プレースタイルは、あるコミュニティがそれを通じて自らを同一化し、また自己に付与するような、ステレオタイプ化されたイマジナリーに照応する」（p138）。

　つまり、プレースタイルはしばしばステレオタイプとして語られ、「想像されるもの」なのです。このいわば、「現実のプレー」からかけ離れた虚像、つまりステレオタイプ化された想像上のプレースタイルが、ローカルやコミュニティとの間に照応関係を作り出すのです。「それは人々が生活するあり方だけでなく、かれらが自分たちのチームの試合や自分自身の人生を物語るそのあり方を形成している」（p138）。このとき、ピッチ上のプレーは、「私たち」のプレーになっていく。「私たち」のプレースタイルは、同時に「私たち」の生活や人生の「物語」でもあるのです。ブロンベルジェは、スタイルを語り共有する「物語」がファンたちの間で作られ、それが世代を経て継承される。その「物語」に沿って目の前のプレーを観ることによって、「そのように見える」というのです。サッカーは、ファンや民衆たちが自分たちのことを語り、自分たちのことを再確認するための「物語」でもあるのです。

　同様の分析は、イギリスの社会学者であるステファン・ホプキンスの研究にも見て取れます（Hopkins, 2001）。ホプキンスは、ある特定のプレー技術やプレースタイルが、クラブの歴史や文化とどう関わっているのかについて論じています。いわゆる「リヴァプール流」「リヴァプールの正しいやり方」（Liverpool Way）の歴史を辿りながら、シャンクリー、ペイズリー、ファーガソンと、歴代の名将によって発明され、変形され、継承されてきたモダン・リヴァプールの系譜学を探求しています。

　ホプキンスもやはり、プレースタイルとそれへの同一化（アイデンティフィケーション）を論じ、リヴァプールにとって「正しい」とされるものが、「ポピュラーな神話」となって、つまりブロンベルジェの言葉にすれば「物語」となって、長い時間を経て、新しい世代のサポーターや選手、そしてコーチや監督にも伝達、継承されていくと論じています。リヴァプールの「神話」化されたスタイルは、過去と現在を、そして隔たった世代を繋ぐものとなる。この神話を介して、ファンたちは、パス＆ムーブと2タッチプレーを基本とするリヴァプール流のプレースタイル、クラブのプレーイング・アイデンティティを形成していくのです。それが「伝統的」に「私たち」の「正しいやり方」なのだと。

　サッカーをなぜ文化として捉えなければならないか、その理由が見えてきま

す。確かに監督が代われば、あるいは新しい選手が移籍してくれば、戦術は変化するのだけど、「プレースタイル」というのは、地域の人々やファン、サポーター、そして選手や監督、クラブのスタッフたちによってつねに過去の「あのとき」を参照しながら共有される想像物なのです。だからサッカーは人びとに共有される文化なのです。プレースタイルは、クラブに関わる民衆たちのものであり、歴史的なものであり、過去と現在、「いまここ」と「どこか別の時空」とを繋ぐ集合的なイマジナリーによって想起されるのです。サッカーを文化として捉えるためには、ピッチ上のプレーに注目しなければならないが、だからといって単に現代的なスカウティングを通じてゲーム分析すれば済むようなものではないのです。プレースタイルとはそういうものではないのです。

　日本のサッカーメディアはしばしば、新しい監督が来たときや新しい選手が加わったときに「プレースタイルが革命的に変わった」と論じることがあります。スカウティング的な方法論で言えば確かに「革命的に変わった」のでしょう。でも、文化としてのプレースタイルはそんなに簡単には変わらない。リヴァプールで 1998 年から 2004 年シーズンまで監督をしていたジェラール・ウリエ監督は、あるインタビューのなかで次のように語っています。

　　「ここ（リヴァプール）ではウインブルドンのようなサッカーはできないんですよ。たとえばもし私が、『これが自陣のペナルティエリアから敵陣のペナルティエリアまで最速でたどりつく方法だから、こうしよう』なんて言っても機能しないでしょうね。それは選手の問題じゃないんです。サッカーは 11 人の選手だけの問題ではなく、環境や文脈が重要なんです。ファンは輝かしい時代の優れたサッカーを十分に知っており、それを壊すことはできないわけですから」（Hopkins and Williams, 2001）

　　「リヴァプールというクラブはパスサッカーの伝統を持っています。おそらくそれは、リヴァプールの人々の想像力に訴えるに違いありません。フランスでもそうですが、別の町でプレーされるサッカーとは違うし、同じものではありえないのです。それは、生活様式とか、文化とか、歴史に関係があるんです」（Hopkins and Williams, 2001）

　ウリエほどの名監督であろうと、ピッチのなかの戦術は、つねにそのクラブの歴史、その街の生活様式、歴史を参照しながら創案されているのです。ウリエが

指摘するように、サッカーのプレースタイルは 11 人だけで具現化されるのではなく、クラブの記憶、ファンや街の環境、歴史的文脈との折衝のうえに実践されるものなのです。だからといって、そうした「伝統的」なものは、普遍なものではない。ホプキンスは、プレースタイルは変化していくものだ。ただしそれは「革命的」な変化ではないと言っています。

　　「変化していくプレースタイルは、めったに『革命的』なものではない。……（プレースタイルの）移行というのは、そのほとんどが、既存の歴史的な枠組みの内部で起こるのです。『新しい』スタイルは、プレーの実践においても、象徴的にも、選手たちやサポーターたちに馴染みのある広く行き渡っているプレーの様式のなかにはめ込まれる必要がある。そして、その新しいスタイルは、クラブのプレーイング・アイデンティティに関わるかねてからの集合的な信念（考え方）と調和させなければならない」（Hopkins, 2001, p78）。

4.　集合的イマジナリーとナポリのマラドーナ

　ここまでの議論を振り返りましょう。あるクラブのプレースタイルとローカル（地域、街）の人々の習慣や好みとが、まるで相互に照応関係を結ぶように見えることでサッカーが地域のアイデンティティ構築と密接に関わりあうということを見てきました。そうした照応関係を繋ぐものがサッカーにおける「集合的イマジナリー」だとブロンベルジェは述べていました。「集合的イマジナリー」は、ピッチ上の選手たちの身体運動やクラブのプレースタイルと、それを街の人々やサポーターたちが、ともに思い浮かべる集合的な想像物です。この想像されたもの＝プレースタイルは、過去の試合の記憶、クラブの歴史、街の歴史、民衆たちの生活様式がピッチ上のプレーへと投影されることで作られ、継承されていくものです。そして、ピッチ上の出来事が、実際にそうではなくとも、あたかも街や都市のスタイル、習慣を反映しているかのように見えるのです。

　ブロンベルジェは、こうした議論を進めるうえで、80 年代、90 年代のナポリのサッカーを事例に取り上げています。それではナポリのサポーターたちが愛するプレースタイルとはどのようなものなのでしょうか。ブロンベルジェによれば、若いファンたちは「単純、真剣、真面目」というモットーに集約されるトリノのユベントスのプレースタイルとの違いとしてナポリのプレースタイルを学習する

のです。先ほど述べたように、「私たち」という感覚をもたらすプレースタイルへの同一化は、「やつら」という敵対関係によってはっきりするのです。ユベントスのスタイルは、1920年代、30年代にフィアット社の社長であったアグネリが作ったもので、「厳格さと効率に基づいた産業社会」のあり方を反映していると考えられている。知られるように、イタリアの北部、つまりミラノやトリノといった都市の豊かさと、ナポリから南の地域の経済的格差はとてつもなく大きいわけです。北部からすれば、自分たちが収めた税金が南部に奪い取られているとなるわけです。こうしたイタリア国内の南北格差の歴史とサッカーの敵対関係がサポーターたちによって重ねられる。ナポリのサッカーは、裕福な北部への敵対心として語られもするのです。

ナポリの人々は、ユベントスのように産業社会に適応する規律化されたスタイルではなく、スリルやイマジネーション溢れるプレーに自分たちの人生を重ねあわせる。そうやって、若者たちはローカルな生活スタイルをナポリのサッカーに透かし見ながら、自分たちの街や地域のイマジナリーのモデルとなる価値観を学んでいく。サッカーは、こうやって敵対するクラブや地域との対比を通じて、「自分たちのサッカー」を発見し、差異化し、その語りを集積していく文化とも言えるわけです。

ところがおもしろいことに、「試合の中での巧妙さ、戯れ、ずる賢さ」というナポリのスタイルをもっとも体現したのは誰かというと、これはナポリ生まれのナポリ育ちという地元のスター選手ではないわけです。これまでの議論では、サッカー文化があたかも地域やローカルに根ざし、本質主義に陥った保守的な枠組みで語られているように思えますが、そうとも限らない。というのも、ナポリのプレースタイルをもっとも代表していたのは、若いみなさんはあまり知らないかもしれませんが、カレッカ（元ブラジル代表）やマラドーナ（元アルゼンチン代表）といった南米の選手たちだったからです。カレッカとマラドーナが、80年代後半から90年代初頭のナポリ黄金時代を支えたスター選手たちなのです。

北部で行われる試合で、敵のサポーターが掲げる悪意に満ちたスローガン「生体実験はやめて、ナポリのやつらを使え！」に対して、ナポリのサポーターは、「文明は金で買うことはできない！」「ユベントスのサポーターはボスのために働いている！」と対抗する。そして南部の都市に浴びせられる中傷的な表現に対して、ナポリのサポーターたちは南米のスター選手をむかい入れ、名声によって侮蔑に抵抗するのです。ちなみにカレッカは、Jリーグ創設当初には柏レイソルでプレーしています。マラドーナは、1984年から1991年までナポリに在籍し、2度の

スクデットを勝ち取りました。しかも、南部にはじめての優勝をもたらしたのです。みなさんからすれば驚きでしょうが、サッカーの歴史上もっとも偉大な選手のトップキャリアはナポリ時代だったのです。

　ではどうしてマラドーナがナポリのスタイルを代表していたのでしょうか。ブロンベルジェは、「現在でも過去でも、選手の人気は間違いなくその能力にかかっているが、同時にそうしたローカルなイマジナリーの諸要素を実現・身体化する能力にも関連している」と述べています（p139）。つまり、偉大な選手というのはサッカーをプレーする能力が高いだけでは十分とは言えないのです。サポーターや民衆たちの集合的イマジナリーを触発し、体現できる選手でなければならないのです。

　　「マラドーナの人気は確かにプレーの質の高さに基づくものだが、もし彼
　　のスタイルとナポリという町のスタイルが一致していなかったら、これほど
　　の栄光は手にしていなかったかもしれない」（pp139-140）。

　ナポリの民衆たちは、マラドーナの変幻自在なプレーや規律化されていない身体、エスタブリッシュされない民衆的な生き方にナポリという街の習慣、民衆たちの生活や歴史を重ね合わせるのです。マラドーナのプレースタイルを介して、ナポリの人々は、自分たちの街、自分たちの置かれた場所、生き方、価値観を再認識していく。そしてまたナポリという街のあり方が再びマラドーナに投影されていく。そうやってナポリのサッカーの「正しいやり方」をめぐる集合的イマジナリーが繰り返し確認されていくのです。

　この集合的イマジナリーは、ナポリというローカルな場所を別の場所や別の文脈に繋ぐこともある。『ナポリのマラドーナ』（北村暁夫，山川出版）は、サッカーの集合的イマジナリーをローカルに閉じ込めるのではなく、もっとダイナミックに展開させていきます。この名著はぜひ読んでいただきたい。この本の中では、マラドーナをめぐる集合的イマジナリーは、ローカルとナショナルとグローバルの時空を矛盾しながら繋げたり、逆にぶつかり合ったりします。サッカーという文化の政治性が起動する様子が描かれています。詳しくは述べませんが、本書のなかでマラドーナに体現されたナポリの集合的イマジナリーはふたつに裂かれていく。というのも、W杯イタリア大会の準決勝のカードがイタリア対アルゼンチンだったからです。しかも、試合はなんとナポリで行われたのです。少しだけ、文脈を整理しましょう。

19世紀後半、イタリアはアルゼンチンへと多くの移民を送り出した。イタリアからの移民は、アルゼンチンの農業や工業の基礎を作り、19世紀末にはアルゼンチンは豊かな国になった。しかしやがて80年代になるとアルゼンチン経済は衰退し、今度はアルゼンチンからイタリアへと労働移民が流入する。経済的にも地理的にもイタリアの極南であるアルゼンチンは、「南」の象徴そのものになっていくのです。英雄マラドーナは、イタリアの北部・中部から見れば、経済的・地理的に南（ナポリ）と南（アルゼンチン）の連合だったのです。イタリア対アルゼンチンは、こうした地政学のなかで行われたのです。ナポリの人たちは、英雄マラドーナ率いるアルゼンチンを応援するのか？　そのとき、南北格差を抱えるイタリアはどうなるのか？　この続きは、『ナポリのマラドーナ』を読んでいただきたいと思います。

　さて、ここまでの要点を少し批判的にまとめておきましょう。集合的イマジナリーは、ある意味ではステレオタイプの集積によって、プレースタイルと地域の生活様式や価値観との間に照応関係を見出します。こうした物語はとても心地よいものです。サッカーの伝統的で牧歌的な姿を確認することも難しくはありません。ホプキンスとブロンベルジェの議論は、読み方によっては心地よいサッカー論です。でも言い方を変えれば、とても保守的な議論にも思えてきます。地域の伝統がサッカーのスタイルに反映されていて、そのスタイルは、人々の暮らしや価値観と一致する。そうやって、サッカーは民衆たちのローカルなアイデンティティを形成する文化装置だと考えていく回路が見えてきます。

　しかし注意深く見ていくと、集合的イマジナリーは、変化しないもの、土地や街に本質化されたものだとは言ってはいないのです。ホプキンスのリヴァプールの議論は、「アイデンティフィケーション」という概念を使っていました。一度形成されたらそのままという意味でのアイデンティティではなく、つねに変容や移行の契機を孕んでいる。つまり「アイデンティフィケーション」という変化や移行を示す概念を使うというのがホプキンスの特徴なのです。また、ブロンベルジェのナポリのサッカー論も、ローカルな本質主義の心地よさをギリギリのところで裏切っていきます。なぜなら、ナポリのスタイルを体現するのが、ナポリのよそ者であるマラドーナだからです。ナポリ生まれでもない、ナポリで育ったわけでもない選手が、ナポリのスタイルを代表するわけですから。

5. 「フーリガン」現象とカルチュラル・スタディーズ

　ホプキンスやブロンベルジェの議論が本質主義や保守的な発想をギリギリのところで避けているのは、サッカーを単純にアイデンティティ形成の文化装置だと考えることへの禁欲的な姿勢とも受け取れます。

　ところで、サッカーの社会学やサッカーの文化研究（カルチュラル・スタディーズ）が盛んな場所はどこかといえば、これはやはりイギリスです。いまでも圧倒的にイギリスからサッカー研究が発信されています。僕や有元さんを含め、イギリスの研究の影響を受けた学者たちが世界各地でサッカー研究をやっているという流れがあります。もちろん、近代フットボールの始まりがイギリスだったという理由もあるでしょう。でも、サッカーという民衆文化、イギリスで言えば「労働者階級文化」がアカデミックな分野で積極的に社会学の対象となっていくのは70年代以降のことです。『文明化の過程』という名著を書いたノルベルト・エリアスのような世界的に著名な社会学者がサッカー論を書いていますが、サッカー社会学が広く展開されていくようになった大きな理由は、サッカーの起源だったからではなく、サッカーをめぐる暴力問題への社会学的な応答だったからです。

　60年代、70年代を通じて、サッカー場の客席や周囲の街路で、酒を飲み、暴れ、殴り合う行為、いわゆる「フーリガンという現象」がメディアで注目されるようになります。ここで注意しておきたいのは、フーリガンというのは、特定の人々を指し示すのではなく、行為や振る舞いの総称であって、それを伝えるメディアの言説や表象までもを含めた現象として捉えてください。では、なぜサッカー場やその周囲で暴力事件が起きるのか。そもそもエリアスのスポーツ論で言えば、議会制民主主義の成立過程と近代スポーツの成立は重なっているのです。近代は、生々しい暴力への嫌悪感が感情や身体のレベルで訓育されていくプロセスとして理解される。暴力的な衝動や快楽は、規律化され、文明化された近代スポーツのなかに内包されていったとエリアスは考えるわけですが、ではなぜサポーターたちの暴力は激しさを増すのかという問題が出てくるのです。

　「フーリガン」現象とどう向き合っていくのか、その姿勢や構えが、簡単にサッカーを地域の伝統的な価値観や生活様式、労働者階級の文化が反映されたものだと結論づけることにストップをかけるのです。ここで簡潔にイギリスのサッカー文化研究が何をどう問題にしていったのかをまとめてみましょう。僕や有元さんが所属する「スポーツ社会学会」というのがあります。その学会誌に、神戸大

学の小笠原さんがとてもクリアな論文を寄稿しています（小笠原，2016）。その
なかで小笠原さんは、イギリスのサッカー研究の主要な視点が三つあると述べて
います。「階級」（白人労働者階級の文化）、「ジェンダー」（男らしさの表明や男
の娯楽）、そして今日の講義のなかでも論じてきた「地域」・「地元」です。小笠
原さんは、白人労働者階級と男らしさと地域が固く結びついた「物語」が蓄積さ
れ、その語りがサッカーを豊穣な文化を作り上げてきたと述べています。

　例えばシャンクリーがリヴァプールの監督をやっていた50年代後半から60
年代は、そうした「物語」が蓄積された時代です。「ブーツ置き場」を改造して
スタッフとのミーティングルームとして利用し、リヴァプールのサッカーを劇的
に変革した時代です。特定の地域に住む白人労働者階級の男たちの物語がサッカ
ーと親密に結びついているように思えた、いわゆる古き良き時代です。そうした
サッカーが、白人労働者階級の男性の娯楽として急激に発展していく背景には、
戦後50年代のイギリスの好景気があったわけです。労働と娯楽、工場地帯と地域、
肉体労働と男らしさといった関係の組み合わせが経済の好調によって維持された
ことが、この時代のイギリスのサッカー文化を後押ししていた。

　ところが古き良き時代が終わり、70年代になるとイギリスは大失業時代をむ
かえる。このとき、「フーリガン」という現象がいわゆる「イギリス病」の兆候
として、ある種の社会病理として語られる風潮が出てくる。不景気と治安の悪化
がイギリスを衰退させているんだ。サッカー文化こそがイギリスの「危機」の温
床なのだと考えられていく。この不況時代を乗り切るために、サッチャー政権は、
貧しい労働者階級をどんどん切り捨てていきました。戦後の経済を下支えしてき
た労働者階級は、社会の不満や不信の吹き溜まりとして語られていくようになる
のです。このような時代に、メディアのなかで、サッカーと白人労働者階級の男
性性（マスキュリニティ）とフーリガニズムが結びついていく。タブロイドやス
ポーツの社会学までもが、「サッカー場で酒を飲んで暴れる労働者階級は、文明
化されていない逸脱した奴らだ。こいつらがイギリス社会に危機をもたらすやつ
らだ」とレッテルを貼り付けていく。こうやって労働者階級の男たちの行為や振
る舞いは社会全体を危機に陥れる原因だとする言説が作られていったのです。逆
に言えば、サッチャーの政治は、この「危機」をエネルギー源にして強権的な政
治を発動していくことを可能にしたのです。いわゆる権威主義的なポピュリズム
を展開していったのです。

　こうした文脈のなかから、カルチュラル・スタディーズのサッカー研究が登場
してきます。逸脱というラベルを労働者階級に貼り付けられ、「フーリガン」現

象へと全体化されてしまいかねないサッカー文化のなかで、暴れる輩たちはごく一部であって、それを社会の危機へと結びつけていくメディア報道や一部の社会学を批判的に捉え返す研究が出てくるのです。

6. 崩壊する「物語」

　70年代、80年代のイギリスに限らず、先進諸国はこの時代くらいから労働者階級を支える基盤が揺らいでいきました。ポスト工業化社会への転換は、工場、住居、家族、労働、娯楽を包み込んできた「伝統的」な労働者階級文化の拠点である地域やコミュニティを弱体化させていきました。先ほど述べたように、小笠原さんが指摘した階級・男らしさ・地域というサッカー文化の「物語」を構成していた要素が崩れていくのです。

　このような時代に、リヴァプールは二度の悲劇に見舞われます。ひとつは、テラス席に詰め掛けていたリバプール・サポーターが将棋倒しになり、ピッチとテラスを仕切るフェンスに押し付けられ96人もの死者を出した「ヒルズバラ事件」です。もうひとつが現在で言うところのチャンピオンズリーグの決勝が行われたヘーゼル・スタジアムで、リヴァプールとユベントスのサポーターとの間で起きた衝突によって39人が死亡した「ヘーゼルの悲劇」。これらの出来事の原因は、「やっぱり特定の地域の労働者階級の粗暴な連中が暴れるからだ」とされる。サッカー文化は、ますます取締りと監視の対象になっていく。これらの事件をきっかけにしてサッチャー首相は、各クラブにヨーロッパでの対外試合自粛を勧告し、それを受けてFA（サッカー協会）は対外試合禁止を決定しました。1986年から1991年までの間、イングランドのクラブはヨーロッパでの試合から排除されることになったのです。逸脱行為というラベルを貼られた「フーリガン」現象は、サッカーというスポーツそれ自体への強制的なコントロールを自ら招き寄せてしまったのです。

　先ほど講義のなかでこんなことを指摘しました。サッカーは民衆たちの、労働者階級男性のローカルなアイデンティティを形成する文化装置になるという心地よい「物語」の構成枠組みに禁欲的でなければならないのだと。なぜなのか。サッカー文化の「物語」が、いま話した「フーリガン」現象の言説にいとも安易にスライドして利用されるからなのです。また、すでに現実的な基盤では崩壊しているにもかかわらず、この「物語」によって社会の危機が労働者階級男性の問題として一元的に語られてしまうからなのです。

実際のところ、ヒルズバラ事件の犠牲者は、メディア報道が作り上げた「フーリガン」現象とは一致していないのです。犠牲者のなかには、子供や女性や老人たちがいたのです。ファンはもっと多様で、応援の仕方やサッカーの見方も多様なのです。簡単にひとつの「物語」に収まるようなものではないのです。

　もちろん、「物語」の崩壊は、サッカーの変容の側からももたらされています。90年代以降はボスマン裁定によって、選手の移籍が活発になりました。競っていい選手を獲得しようと、巨大クラブは高額の年俸を提示するようになる。放映権ビジネスやグッズ販売等によって、サッカーは労働者階級や民衆たちの文化というよりも、ビジネスと化し、グローバルな消費の市場に飲み込まれていく。チケットも高騰する。労働者階級が簡単に購入できる価格ではなくなるということは、スタジアムから貧しい人々は自動的に排除されることになる。応援する選手は、もはや地元で育った選手ではない。自分たちの地域出身の若者が自分たちのクラブで活躍するというローカルな物語は完全に崩壊する。そればかりか、選手の高額な年俸とそれを支える地元サポーターの経済格差はとてつもなく広がっていく。監督も選手も、海外から毎年やってくる。クラブはますます多国籍化していく。もはや地域・階級・ジェンダーという古き良き物語はどうみても機能しない状況なのです。

7. 最後に

　サッカーは「私たち」という感覚を作り出します。今日の講義では、この「私たち」という感覚がサッカーを通じてどう作られていくのかを考えてきました。「私たち」という範囲は、注意深く見ていけば、特定の地域やジェンダー、階級、あるいは国民や人種に本質化されないものなのです。数年前に、浦和レッズの一部のサポーターによる人種差別が問題になりましたよね。"JAPANESE ONLY"（日本人以外お断り）という横断幕が一部の浦和レッズサポーターによってサッカー場に掲げられるとき、誰が正しいサポなの？という疑問が浮かび上がります。浦和に住んでる人だけが本物のサポなの？　日本人じゃないと浦和サポになれないの？　客席の人たちだけではない。ピッチ上でプレーをしている李忠成にも出ていけというのか。日本国籍を取得し、日本代表の大事な試合で得点を挙げてきた在日韓国人4世はここでサッカーをしてはいけないのか。「私たち」という感覚を共有する人びとの境界線に僕らはもっと敏感にならなければならないのではないでしょうか。横浜に住んでいたって熱狂的なマンUのサポーターであっても

いいのです。

　サッカーにおける「私たち」という感覚が醸成されるには、それがサッカーである以上、クラブのプレースタイルをその重要な構成要素とします。そのスタイルは、いくつもの大事な試合、負けた試合、勝利の喜び、やるせなさといった膨大な記憶やクラブの歴史、サポーターたちの日々の語りや「物語」を通じてつねに変化しながら、それでも同じようなスタイルとして遂行され、共有されていくのです。今日は「集合的イマジナリー」という概念を学びました。例えば、この概念を通じて、みなさんの好きなクラブのプレースタイルがどのように変化しながら同じようなものとして共有され、「私たち」という感覚を作り上げているのかを考えてみることから、サッカーへのアカデミックな関心を深めてみるのもいいのではないでしょうか。

【参考文献】

小笠原博毅（2016）「イギリスのサッカー研究の系譜とカルチュラル・スタディーズ」スポーツ社会学研究，第 24 巻第 1 号，日本スポーツ社会学会.

北村暁夫（2005）『ナポリのマラドーナ──イタリアにおける「南」とは何か』山川出版.

ブロンバーガー・C（2003）「花火とロバ」，有元健訳『現代スポーツ評論』8 号，創文企画.

Hopkins, S. (2001) 'Passing Rhythms: The Modern Origins and Development of 'Liverpool Way', in Williams, J., Hopkins, S., Cathy, L. (eds) Passing Rhythms: Liverpool FC and The Transformation of Football, BERG.

Hopkins, S. & Williams, J.(2001) 'Gerard Houllier and the New Liverpool 'Imaginary', in Williams, J., Hopkins, S., Cathy, L. (eds) Passing Rhythms: Liverpool FC and The Transformation of Football, BERG.

サッカーの"熱狂"

——2つのルーツをめぐって——

鈴木　守
上智大学教授　スポーツ社会学

1. はじめに

1.1 わたしの生い立ちとJリーグの誕生

　わたしは、中学校進学時に当時の浦和（現在「さいたま市」）に転居し、御三家と呼ばれた広島、静岡とならぶ「サッカーのまち」浦和でその後の生徒生活を送りました。中学・高校・大学とサッカー部に所属し、大学卒業後はOBのクラブで少々プレーを楽しみ、母校（大学）の教員となってからは体育会サッカー部のコーチとして、また部長として指導的立場でサッカーにかかわってきました。その関係で、専門のスポーツ社会学研究のかたわら、サッカーについても評論的なエッセーを新聞や研究紀要に寄稿したり、大学でのサッカー関連のシンポジウム等でわたしなりの立場（スポーツ社会学やスポーツ文化論の文脈）からお話しする機会を与えていただきました。

　ふり返ってみれば、わたしのサッカーをめぐる生い立ちは、マイナースポーツであった日本のサッカーが、陽の昇る勢いでメジャー入りした時期に重なります。近所の路地でサッカーボールを蹴飛ばしている子供たちを見ることは今では当たり前ですが、その当時、そんなシーンを目にすることは東京では皆無に近く、ほぼそこは、キャッチボールや三角ベースに夢中な野球帽をかぶった少年たちに占領されていたものでした。

　1968年のメキシコ五輪で日本サッカーが銅メダル（同時に「フェアプレー賞」受賞）に輝いた時期、それはわたしにとって中学で始めたサッカーがめっぽう面白くなり、サッカーが強い高校めざして進学し、本格的にサッカー競技にのめり込んでいった時代です。サッカーのまち浦和ゆえに、サッカー部員であることがなによりも誇らしかった高校生活では、勉学はまさに二の次でした。明けても暮

れても考えることはサッカーばかりで、あたかもそのパフォーマンスが大学進学を約束してくれるかのように錯覚していたのも事実です。進学した大学で、体育会ではサッカー部が一番強いと当時評判だっただけに、こちらも鼻が高く、グラウンドでプレーしサッカー部の仲間と生活（キャンパスの内外で）するためにだけ大学に通っているあり様でした。

　しかし、そうはいっても、世間ではサッカーが依然マイナースポーツであることに変化はありませんでした。大学に近い国立競技場に足を運んでも、日本サッカーリーグの試合で"白熱"ましてや"熱狂"を感じることは稀なことでした。しかし、本場仕込みやホンモノの情報が乏しい環境下ではあっても、本場欧州のサッカーに出会う貴重な窓が一つだけありました。それは「三菱ダイヤモンドサッカー」というテレビ番組でした。特にわたしを熱狂させたのは、当時"赤い悪魔"とよばれたイングランドのマンチェスターユナイテッドの選手たちのプレーです。ドリブル、トラップ、パス、シュート、コンビネーションプレーのどれをとっても日本で見るプレーとは格段の違いを感じました。わたしにとっての"the soccer"は、当時まだテレビのブラウン管の中に留まっていたのです（図1）。

　わたしとサッカーとのかかわりの転換点は、まずは1993年のJリーグの誕生と、その数年後に研究仲間で実施した国際調査での見聞でした。Jリーグへの驚きは、一夜にして日本サッカーがマイナーからメジャーに変化したように感じられたことです。事実、バブル経済や企業の地域貢献、あるいは地方自治体の地域活性化の意図等の社会的背景（追い風）によって可能となったプロ化ではあっても、欧州サッカーをモデルに多数のハードルを一挙に超えた改革は、目の前のゲームを迫力あるものに変えました。テレビの中だけでなく、わたしの目の前でも欧州風

図1　"熱狂"するサポーター　©MAMORU SUZUKI

のサッカーが展開されるようになったのです。その後Jリーグサッカーはブームとなり、スタジアムでの観戦はチケット購入が難しく、当時のプロ野球巨人戦並みの人気競技となりました。

しかし流行現象とははかないもので、新しいもの見たさでスタジアムに駆けつけた―サッカーのルールさえ知らない―素人ファンが2～3年でスタジアムを去り、マイナースポーツ・サッカーがまた舞い戻ってきた感さえありました。その低迷の時期の閉塞感を救ったのが2002年W杯サッカーの招致成功（日韓共催）のストーリーです。この機に乗じて日本各地に専用のサッカー場が建設され、またたくまに日本サッカーはメジャーの地位に返り咲くことができたのです。

1.2 研究者としての出会いから

Jリーグが一時のブーム後の来るべき低迷期を経て、2002年日韓共催のW杯開催決定で息を吹き返そうとする頃、国の科学研究として申請した調査研究（代表：佐伯聰夫）が採択され、文部省（現：文部科学省）から3年間の国際調査のための科学研究費がもたらされました。

この当時、わが国ではスポーツイベントが花盛りで、全国各地で開催されてはいましたが、まるで打ち上げ花火の様と形容されるように、そこでの開催主体は集客を最大の目標にしていました。つまり、どれだけ人を集められたかがイベント開催の成否として指標化されていたのです。われわれはそのことを問題視し、世界の伝統あるスポーツイベントは集客もさることながら、それが開催される地域社会とのつながりの強化と継続（伝統の形成や制度化）をこそ成否の指標としていることを学問的に証明するための調査を国際的規模で展開したのです。

「スポーツイベントの展開と地域社会形成」[1]と銘打った調査研究は、社会制度として定着した世界の歴史あるスポーツイベント（メジャー・マイナーを含め）の調査を3年間にわたり敢行しました。その過程で出会ったのが、イタリア・フィレンツェの "Calcio Storico" というイベントでした。カルチョ＝サッカー、ストリコ＝古式、つまり古式サッカーと呼ばれるイベントは、フィレンツェ市の守護聖人であるサンジョバンニ（洗礼者ヨハネ）に感謝する年に一度の祭のフィナーレとして長年にわたり開催されてきました（図2）。

フィレンツェを旧市街4区分（区分ごとに教会がある）に分け、4チームによるトーナメントが展開されます。祭の前日が準決勝となり、祭の日に決勝戦が行われるのです。双方27名のカルチャンテ（カルチョの競技者）がルネッサンスの衣装をまといサンタクローチェ教会前の広場に集結し、市長の号令によるセレ

図2 フィレンツェ・ヨハネ祭の風景 ©MASUMI YAJIMA

モニーを経て戦います。イベントのために、教会の石畳にダンプカー40台分の砂が敷き詰められ、3,000人程度収容の仮設スタンドが造られ、つかの間の非日常空間が産み出されます。

　しかし不運にも、東京からフィレンツェまで出向いて前日ホテルに入ったわれわれ調査団に、夜になって号外の新聞が配られました。それは、「明日の決勝戦は中止となる！」の無情な知らせでした。その日の準決勝で、競技とは関係のない個人的遺恨からの過剰な暴力行為があり、怪我人が続出したことを原因とするチェアマン（市長）の判断でした。世界的にみても傑出した国際観光都市である芸術の都フィレンツェの美しいイメージを、暴力によって悪化させることが問題視されたわけです。

　翌日、サンタクローチェ教会前の仮設スタジアムには、決勝進出を果たした2つのチームのカルチャンテがジャージ姿で集まり、チェアマンの判断に対し「カルチョは本来暴力的な競技なんだ！」と文句をつけていました。諦めきれずに集まった世界各地からの観光客も散見され、やむなくエキシビジョンとしてボール回し程度の「カルチョもどき」が実施されました。その軽いゲーム終了後に、イタリア語の通訳者と共に並みいるカルチャンテにインタビューを試みましたが、彼らの体格の見事さ（特に胸板の厚さ）に圧倒されたことを覚えています。ですから、わたしが実際のリアルな競技風景を見たのは帰国後であり、土産として購入したプロモーション用ビデオによってでした。

　それはそれは、驚愕のシーンの連続でした。非暴力を前提とする現代スポーツを見慣れた目には、その暴力は想像をはるかに超え、脅威にさえ感じられました。総勢54名のカルチャンテが見据えているのは一つのサッカーボールではなく、

図3　カルチョストリコで格闘するカルチャンテ（競技者）　©MASUMI YAJIMA

あらん限りの力で打ち倒すべき目の前の相手（敵）そのものでした。くんずほぐれつの肉弾戦が競技場のいたるところで展開され、その間をぬってボールを持った細身のカルチャンテがゴールに迫ります。ルールはいたって簡単で、「倒れている相手への暴力は禁ずる」というものです。しかし、数人の審判のコントロールが及ぶ範囲は限られています。気がつけば、あちこちで選手が倒れ、動けなくなった選手は担架で場外に運ばれていきます。ゲームも半ばに達すれば、歴史を感じさせるカルチャンテの衣装はビリビリに破れ、厚い胸板まるだしの荒くれ者に変貌していきます（図3）。

　わたしには、なぜこの時代にここまで暴力的なサッカーが残されているのかが不思議でなりませんでした。しかし調査を進めるうちに、この暴力こそが劣化した都市の社会制度の破壊（カオス）を象徴し、ゲーム終了をもってそれが社会制度再生のエネルギーへと転換し新たな秩序（コスモス）が生まれる原動力となることを見出したのです。16世紀初頭、カール5世の軍隊に包囲されたフィレンツェの民衆が、勇敢にもカルチョに興じその勇気を示したとされる故事に由来するゲームとして今に至るのですが、そこにはフィレンツェ人としての矜持に訴えるプロセス（破壊と再生）が見事に仕組まれていたのです。それは、激しい闘争心こそが地域への愛着を育むというモデルとしての競技でした。

2.　サッカーの遺伝子　—サッカーに託し続けてきたもの—

　このカルチョストリコとの出会いは、わたしにとってはまさにサッカー（近代以前の未分化なフットボールを含む）の遺伝子との出会いでもありました。暴力

的行為によるカオスの出現から、コスモスとしての秩序の再生と地域統合を達成するサッカーの DNA は、政治や経済世界より先にグローバリゼーションの波に乗り、世界中いたるところで"熱狂"と"感動"の渦を巻き起こしていたのです。

　その最高峰の舞台がサッカー W 杯であることに異論はないものの、日常に根を下ろした地域クラブへの情熱も、W 杯に引けを取らない熱狂空間を形成します。それが、各国のトップリーグで展開されているクラブ間の戦いです。カルチョストリコ同様、地域に根を張り地域住民の支持を得たサッカークラブは、地域の象徴として存在し、地域住民の誇りとして機能します。なかでも注目されるのは、スペインリーグの名門レアルマドリードとカタルーニャ州に位置する FC バルセロナの存在です。「スペイン・ダービー」や「エル・クラシコ」とも呼ばれる一戦は、歴史と注目度、そして試合内容のレベルの点で世界のダービーマッチの頂点に位置するものです。

　スペインを代表する 2 大都市としての対抗意識もさることながら──先日のカタルーニャ州の独立をめぐる騒動でも明らかなように──その因縁を過去の内戦の歴史に読み取ることができます。フランコ独裁政権下で、──バスク地方同様──地域言語の使用禁止という弾圧を受けたカタルーニャでは、そのときカタルーニャ語を話すことのできた唯一の場所「カンプ・ノウ」（FC バルセロナのホームスタジアム）を反独裁の象徴とあがめています（図 4）。したがって、中央集権、つまり独裁を象徴するレアルにはいまでも絶対に負けられないとの強烈な意思が働きます。

　このレアル対バルサの戦いには、51 対 49 の法則があるといわれます。それはホームチームの勝率が 51％、アウエーチームのそれが 49％なるものです。そ

図4　10万人のファンで埋まるカンプノウ　©MAMORU SUZUKI

こに存在する2%の差が圧倒的多数を占めるホームのサポーターによる応援（12人目の選手）の差ということでしょうし、それでも常に2%の僅差で、勝敗の行方は―たとえリーグ戦の順位に大差があっても―戦ってみないと分からないということでもあるようです。

　クラシコの両クラブが根ざすのは、マドリードとバルセロナという都市社会ですが、サッカーチームが象徴するエリアは、こと都市や地域社会にとどまるものではありません。ときには民族集団であり、宗教でもあり、社会階層であり、国家でもあるのです。「つまりサッカーは、そこに投影された文化や社会の鏡として機能し、ゲームやイベントにおいて表出するその対立や伯仲に人々は熱狂する」[2]のです。

3. W杯が熱狂する理由

　これは、スポーツにはそぐわない形容詞かもしれませんが、サッカーはまぎれもなく今日の世界で一番「普遍的」な出来事です。世界中を隈なく見渡せば、日々おびただしい数のプレーヤーが活動し、ゲームが組織され、そのゲーム内容と結果に一喜一憂するファンの数を掛け合わせれば、サッカーをめぐるコトとモノはまさに巨大で普遍的としかいいようがないものです。

　このように、巨大なスケールで世界のそこここに出現する無数の気泡のようなサッカー空間は、言いかえれば「公共空間」と呼べるものです。この空間は、近代以前であれば宗教世界が儀礼を通して担ってきたものです。聖なる時空間を提供する教会などの宗教組織は、信者（地域住民）を受け入れ、共有する公共空間での祈りや活動を通して共同体意識を育んできたのです。しかし、世の世俗化にともない宗教的儀礼は衰退し、宗教活動を源泉とした公共空間は委縮し、宗教による地域アイデンティティ形成の機能は徐々に弱まっていきました。

　この失われゆく宗教的空間を代替するように登場したのが、スポーツ競技が展開される「スタジアム」という名の公共空間です。スポーツのルーツをたどれば、それは儀礼から分化したものであり、したがってスポーツ競技は非日常空間（競技という儀礼）を構成し、協同（ルールの遵守）と競争（コンペティションの遂行）を内在するスポーツ原理が共同体意識を高め、ひいては独特な感情（興奮と熱狂）を参加者にもたらすのです。

　特にカルチョストリコで示したように、サッカーは分化と統合、あるいは分断と結合の機能を内包しているために、所属する集団や地域社会への強い帰属意識

と集団・地域間の競争意識を激しく搔き立ててきた歴史があります。その象徴であり、また頂点でもあるのがW杯サッカーであり、このイベントを統制しているのが国連加盟国の数を超える加盟数（国家と地域）を誇るFIFAという組織です。この組織には2億5千万人をゆうに超える競技者がおり、その分布は世界中余すことなく広がっています。また加盟国の多くがサッカーを国技としており、各国内の人気も他のスポーツ競技を圧倒しているのです。

　そうなれば当然のように、—ましてや4年に一度の開催も手伝い—国を代表してチームとして戦う国家間のゲームは容易に「代理戦争」あるいは「疑似戦争」と化します。代表チームを応援する国民にとって、「われわれ」の一部を構成するのが代表チームです。代表チームは「われわれ」そのものとも言えるものです。言いかえると、われわれは見知らぬ（日常的には容易にイメージできない）国家という存在を、代表チームの存在と活躍を通して"可視化"するのです。そうなれば、戦争と同じ—程度こそ違えども—国家への明確なイメージと帰属意識、また同じ国民感情を抱く人々を共同体メンバーと認識し、われわれ（国民国家）のエリアを明確に描くことになります。

　W杯に限らず代理戦争化したサッカー競技は、世界中の人々を興奮と熱狂の渦に巻き込みます。それは「身体を駆使した競争の文化という意味でのスポーツ（競技スポーツという名の娯楽）を超えて、人々の日常に分け入り、祝祭の時空間を構成し、地域や都市や国家をも劇場と化し、そのことで人々に情熱の『公共空間』を提供する」[3]のです。

4.　脚のスポーツ（下半身の文化）の醍醐味

4.1 マルセロからの発想

　2017年11月、フランスのリールで開催された国際強化試合の日本対ブラジル戦、スーパースターのネイマールに負けじと左サイドバックで巧みなボールさばきをみせていたブラジル代表のマルセロのプレーを見て、わたしの胸に強烈な思い出が蘇りました。それは、2014年ブラジルW杯、ブラジル代表の初戦となったクロアチア戦で最初の得点となった彼のオウンゴールです。あれでブラジルが鼻っ柱を折られた感がしないでもありませんが、それ以上に、華麗なパスサッカーの時代到来に待ったをかけたサッカー伝統のプレー（古典的ゴールシーン）が際立ったからです。

　クロアチアの選手が左サイドから駆け上がり、スライディング気味に強烈なシ

ュート性のセンタリングをゴール前に放り込みました。それに合わせて、クロアチア選手が飛び込むより一瞬早くブラジルディフェンダーのマルセロが忠実にゴールに戻り、しかしクリアーできずに足に当ててのゴール（自殺点）となったシーンです。褒めるべきは、スライディングしながらも躊躇せずにタイミングよくゴール前にシュート性のボールを送ったクロアチアの選手です。間違ってもマルセロのオウンゴールを責めようものなら、足のスポーツ・サッカーの泣き所を知らない素人と言われてもしかたがないように思われます。

　これは勝手な想像ですが、仮に左サイドを駆け上がったのがひと昔前の日本選手であれば—現代の選手もその傾向は引きずっていますが—、ゴールやオウンゴールは生まれていないのではないかと思うのです。それは、当時の日本選手は自分が楽にプレーできる手順（強引なセンタリングを選ばず、切り返してマークを外してからの余裕のセンタリング等）を選択してしまう傾向があり、そのためセンタリングのタイミングが遅れ、インターセプトされていたのではという想像です。実は、一本のパスにもゴールへの意思を胚胎しているパスと、そうでないものが存在します。過去の日本代表のパスの多くはまさに後者のパスであり、ゴールに向かう圧力を感じない—相撲で例えれば—弱い力士のツッパリのようなものでした。それは「パスのためのパス」であり、相手には何の脅威も感じさせないプレーとなってしまうものです。

　ひるがえって、パスサッカー全盛の時代を象徴する2チーム（スペインとブラジル）が大崩れで早々と去っていったW杯の感想として、山本浩氏は「足のスポーツの不合理性」つまりサッカーにおける結果の"未確定性"を指摘してくれました[4]。彼いわく、ラグビーは「フットボール」の仲間といえども多くのプレーを手で担うスポーツであるために、結果は対戦する各々のチームの個人のパフォーマンスの和となって現れます。ちなみに、現時点で日本代表とNZ代表（オールブラックス）が対戦すると、100選戦っても日本代表は1勝もできないと明言します。これがサッカーになると大半のプレーが手（腕）以外となるため、意図したプレーの誤差の積が結果の未確定性に繋がるのです。そのため、日本代表とスペイン代表が100戦交えると、日本が全敗する可能性は極めて低いと結論できるというものです。

4.2　脚（足）の文化論
　偶然性、運、反秩序、即興性、あいまいさ等の言葉は、ブラジルサッカーを語る際によく使用される用語ですが、実はサッカーそのものの特徴を言い表しても

います。サッカーと同じボールゲームとしてグルーピングされるスポーツ競技には、ハンドボールやバスケットボールがありますが、いずれも手でボールを扱うことを基本としています。これらの競技では、足は移動の手段であり、ボールを扱うのは足ではなく手である点で身体運動としてバランスがとれ合理的ともいえます。手は足に比べて動作の正確性や緻密性において優位であり、ボールをコントロールすることにおいてもはるかに優れていることは周知の事実です。つまり、手は操作的かつ理性的であり、これとの比較で足は反理性的、つまり野性的な領域の身体部位と捉えられます。そのために足のスポーツであるサッカーは"アウト・オブ・コントロール"の世界であり、先述したように運や偶然の支配下に置かれていることになります（図5）。

　一方、スポーツ史の知見を借りれば、サッカーという競技は勝敗を想定して作られたスポーツではないとの見解があります[5]。勝利への執念が選手の価値を左右し、勝利至上主義が横行する現代ではにわかに信じがたい話ですが、キーワードは"禁欲的"です。つまり、禁欲的なまでに点が入りにくいサッカーは、それだからこそ選手の人格形成にうってつけの競技（文化）とされるのです。0対0に耐えられる忍耐力、また勝利がどちらに転んでも文句を言わない寛容精神の育成こそが英国紳士を作り出したというわけです。米国型の娯楽的競技（一般的に得点シーンが多い）との決別によって、サッカーはジェントルマンへの通過儀礼となったとされます。かつてのフランスの名手M.プラティニに「貧しくともボールさえあればできるシンプルさ。それでいて、たとえ記録で優れていても勝てるとは限らない非合理さ」[6]と言わしめたサッカーは、強くても勝てない―あるいは弱くても勝てる―スポーツとして認識され、それゆえに皆が熱狂したと考え

図5　ボールから自由になるための日々の努力　©TOHOKO KAMEDA

られるのです。妙な言い方ですが、軽々に努力が報われないところにサッカーの
妙味（魅力）は存在しているとも言えるでしょう。

4.3 フットボール、フットボール

　フットボールが足の文化だからこそその原初的エネルギー論を展開する今福は、
「いわば足は、人間社会を複雑に分節することになった言語や法、あるいは社会
制度といったものが発生する以前の、ダイナミックな身体的創造力を引き出すこ
とのできる、特権的な器官なのである」[7] と言い、抑圧された身体の部位（脚・
足を含む下半身）の特性論を描き出しています。また彼は、運や偶然の支配下に
あるために抑圧され排除され続けてきた下半身は、裏返せば現代社会が失ってし
まい取り戻すことが不可能な混沌のエネルギー（人間の原初的欲求）をリセット
する契機となることを示唆しています（図 6）。

　このことは、競技場での熱狂は「あいまいさ」や「もどかしさ」というサッカー
に独特の不確実性や非合理性に端を発し、現代文明という分節化の秩序を利那
に破壊する下半身のエネルギーの爆発がもたらしていることを明示しています。
ゲームの中の「だまし合い」や「せめぎ合い」は、実社会の縮図であり、競技場
に押し寄せた観客の実人生そのものでもあるでしょう。

5.　おわりに　―社会の文明化・現代化のなかのサッカー―

　これまで 2 つのルーツをたどりながら、サッカーにおける"熱狂"の在りかを
探してきました。1 つは、サッカー世界に内在する分化と統合の両義的エネルギ

図 6　ボールがない方が楽しいかも…　©TOHOKO KAMEDA

一。もう 1 つは、足の文化に宿る非合理性のエネルギーです。

　今日のサッカーを見て、だれでもが「あくなき勝利至上主義」を感じてはいて
も、―対戦相手へのリスペクトを含め―それを 100%肯定する気分にはなれない
自分に出会うこともあるでしょう。それは、サッカーの原点としての「非勝敗主
義」が、勝利最優先のスポーツ現象の深奥部に隠されているからです。われわれ
は、肥大化する文明や産業社会の恩恵にあずかりながら、一方で人間の原初的欲
望の発露としてのサッカーの衝撃に魅了されているのも事実です。テクノロジー
優先の時代に、情念と身体はあきらかにテクノロジカルな価値に背いています。
ピッチ上でのだまし合いやせめぎ合うドロドロとした駆け引きは、実社会の縮図
であり、実人生にみごとなまでに酷似しているでしょう。

　われわれがサッカーに魅了されるのは、何食わぬ顔で拡大する文明世界の中で、
人間としての位置を確保し、共同体のコミュニケーションを楽しみ、原初的人間
のエネルギーを爆発させることでもたらされる―仲間と分かち合うことのできる
―至上の喜びの享受によるのではないでしょうか。「生きることを余儀なくされ
た現代社会の文明という『分節化』の秩序を一時的にでも破壊する下半身のエネ
ルギーが、ピッチ上で爆発し、共振し、居合わせた身体（五感）を通して増幅す
ることで生み出される」[8] サッカーの "熱狂" は、これからも普遍的であり、か
つしばらくは眠ることがないように思われてならないのです。

　身体の妙技に心震え、努力が報われない物語に涙するサッカーの "不条理" に
感謝して本講義を終わります。

【引用・参考文献】
1）佐伯聰夫編著（2000）『スポーツイベントの展開と地域社会形成』不昧堂出版.
2）鈴木守（2006）「サッカー共同体へ連帯感」読売新聞（朝刊）. 2006 年 6 月 7 日.
3）鈴木守（2002）「サッカーの熱狂と "アイデンティティ" 生成の系譜」上智大学. ソフ
　ィア第 202 号. 2002 年夏季，第 51 巻第 2 号. p.26.
4）鈴木守（2012）「足の文化に宿る「不合理」という名の妙味」上智大学. ソフィア第 244 号，
　2012 年冬季，第 61 巻第 4 号. p.65.
5）中村敏雄（2000）「サッカーは勝敗主義になじまない」現代スポーツ評論，第 3 号.
6）山本三春，ローラン・ランヌ（2002）『フランスサッカーの神髄―ブルーたちからのメ
　ッセージ』本の泉社. p.28.
7）今福龍太（2008）『ブラジルのホモ・ルーデンス』月曜社. p.33.
8）前出 4），p.71.

「熱狂」と「感動」から離れて

落合　博
元毎日新聞論説委員　Readin'Writin' 店主

　はじめまして、落合博です。まず自己紹介をします。大学を卒業後、1982年に読売新聞大阪本社に入り、計7年間いました。最後の3年間は運動部でスポーツの取材をしました。トライアスロンの大会を取材したことがきっかけで会社を辞め、トライアスロン JAPAN という月刊誌を発行していたランナーズ社に転職しました。そのうちトライアスロンだけを取材していることに物足りなさを覚え、1年後の1990年、毎日新聞社に入りました。30歳の時でした。4年間の支局勤務、大阪と東京の運動部を経て、論説室に移ったのが2011年でした。2017年3月に退職するまでの約6年間、スポーツや体育の課題などについての社説を担当していました。

　運動部では記者として主に野球とラグビーを取材しました。メジャーリーグのマーリンズに43歳（2017年当時）の日本人バッターがいますが、彼が鈴木一朗という本名からカタカナのイチローに登録名を変えた時の担当でした。ちょうど皆さんが生まれた1996年、プロ野球の日本シリーズでオリックスは初めて日本一になりました。対戦相手のジャイアンツの中心選手が松井秀喜でした。これも皆さん生まれる前で恐縮ですが、ラグビーで7年連続日本一になった神戸製鋼を長く取材しました。2004年のアテネオリンピックでは担当デスクとして、現地のプレスセンターにこもって、現場の取材記者から送られてくる原稿をパソコンの画面でチェックして、東京本社に送るという作業を2週間以上続けました。実際の競技は一切見ていません。

　2017年3月で毎日新聞社を退職して、4月に地下鉄銀座線田原町駅の近くで、Readin'Writin'（リーディン・ライティン）という新刊書店を始めました。2015年10月に「こんなことを書いてきた　スポーツメディアの現場から」（創文企画）を出版しました。約10年間担当した書名入りコラム「発信箱」を中心に、スポーツと社会との関係などについて考えたことをまとめた本です。興味がある方は

どうぞ。

1.　メディアは盛り上げ役か

　本題に入ります。メディアは盛り上げ役なのかということを今日、皆さんに考えていただきたいと思います。この場合はスポーツメディアですね。スポーツメディアというのは盛り上げ役なのかどうか。

　例えば、日本代表選手がオリンピックや世界選手権、W杯などの国際大会で活躍した場合にそれをどう報道していくのか、どう報道してきたのか、今後どうやって報道していくのかということです。2020年に東京でオリンピック・パラリンピックが開かれます。そのとき、メディアはどういう立ち位置でどうやって報道していくのかということを考えるために、いくつかの材料を皆さんにお示しして考えていきたいと思います。

1.1　大会スポンサーに新聞4社

　2016年1月21日に、東京2020大会組織委員会の発表がありました。読売新聞東京本社、朝日新聞社、日本経済新聞社、毎日新聞社とスポンサー契約を締結したという内容でした。皆さんこのニュースを覚えていますか。今日初めて知った人はいますか。新聞4社が組織委員会とスポンサー契約を結び、オフィシャルペーパーになっていることを知っている人は手を挙げてください。ほとんど知らないんですね。

　では、大会スポンサーになるというのはどういうことなのかについて考えていきます。ちなみに、スポンサーになるということは、それへの対価、つまりお金を払っています。金額は公表されてないのですが、推定で年間3億円と言われています。裏付けがあるわけではないことを強調しておきたいと思います。

　僕が2017年3月まで勤務していた会社（毎日新聞社）の中でも、いくら払ったというアナウンスはありませんでした。ただ、いろいろな情報を突き合わせると、だいたい3億円ぐらいだと言われている。この金額は高いのか安いのか。新聞社が3億円を払ってそれに見合うだけのメリットがあるのかどうか。メディアがスポーツ大会のスポンサーになることでどんなメリットがあると思いますか。どんなメリットがあって3億円も払うのか。新聞のような経営基盤が盤石とはいえない企業体にとって3億円は大きな金額です。

1.2　ビジネスツールの独占的使用権

　スポンサーになると特典があります。ビジネスツールの独占的使用権です。五つの輪を組み合わせたオリンピックマーク、エンブレム。東京大会の場合、一度発表されましたが、盗用疑惑が出て白紙撤回され、新たなに江戸市松模様をあしらったエンブレムに決まった経緯があります。さらに言うと、大会名、つまり「東京オリンピック」や「東京パラリンピック」を無断で使うことはできません。もし上智大学がオリンピックを盛り上げるために関連イベントを企画しても「東京オリンピック」という文言は使えない。無断で使った場合、日本オリンピック委員会などから知的財産権を侵害したとして損害賠償請求される恐れがあります。スローガンもそうで、スポンサーでないと使えません。

　では、新聞社にはどういう特典があるのか。オリンピックマークやエンブレム、大会名を使って広告が取れる、広告紙面をつくることができる。これは新聞社にとっては大きな収益になります。だから年間3億円といわれるスポンサー料を払うという仕組みです。

　以上のことを基本的な知識として知っておいてください。開幕までの3年間、さまざまなニュースが報道される中で、読売、朝日、日経、毎日は推定で年間3億円を払って同じオフィシャル企業の広告を掲載していくことになります。スポンサーにも金額によってランクがあります。日本国内ではゴールドパートナーが上位で、新聞社はワンランク下のオフィシャルパートナーとなります。オフィシャルパートナーは推定で年間3億円と言いましたが、ゴールドパートナーは推定で5億円とも10億円とも言われています。ゴールドパートナーはそうそうたる企業で、皆さんの中にもこういった企業に就職したいと思っている人は少なからずいるのではないかと思います。

1.3　呉越同舟

　東京大会の特徴は、1業種1社の原則が崩れたことです。新聞業界は4社ですが、航空業界は全日空と日本航空の2社が入っています。セコムと綜合警備保障も同じ業種ですね。本来ライバル関係にあるところがスポンサーになるのは過去にはありませんでした。つまり、複数の同業他社からスポンサー料を得ることで総額では1業種1社だった場合を上回る収入を得ている。東京大会の組織委員会が何らかの形で国際オリンピック委員会（IOC）アプローチをしたといわれていますが、裏付けはとれていません。

　新聞4社の場合は2020年12月31日まで5年契約なので、総額15億円のお

金を出すことになります。その金額に見合うだけの利益を稼がなければいけません。広告収入だけで15億円を稼げなくても、オリンピックのスポンサーであることは名誉であり、会社のイメージアップにつなげられればいいという考え方もあります。上には上があって、IOCには13社のワールドワイドパートナーがあります。ゴールドパートナーやオフィシャルスポンサーは日本国内に限定されますが、ワールドワイドはまさに言葉が示す通り、全世界でスポンサー活動が展開できます。日本企業では、トヨタ自動車、パナソニック、ブリヂストンが入っています。金額の桁がまた違います。

　ここまでが東京大会とメディアの関係について考えるための材料です。今日の与えられたお題でいくと、メディアがオリンピックをスポーツコンテンツとしてどう見ているのかを考えるヒントになると思います。ただ、メディアといっても、一企業であり、お金がないと、新聞も出せないし、従業員も雇用できない。経営サイドとしては経営基盤を整えることを第一に考えるというのは当然のことだと思います。

2. お・こ・と・わ・り

　新聞4社が2016年1月21、大会組織委員会とスポンサーシップ契約を締結した翌日、各紙1面に社告が掲載されました（図1）。
　会社として読者の皆さんにお知らせするという形の記事を社告と呼びます。例えば購読料金を値上げする場合に掲載されるのが社告です。読者への「おことわり」です。「お・も・て・な・し」ではありません。

2.1　公正を強調した読売と朝日
　読売新聞の社告で、気になったのは最後の3行です。「契約後も、報道機関として読者や社会の信頼に応える公正な報道を続ける姿勢は堅持します」。なぜ「公正な報道を続ける姿勢を」ではなくて、「公正な報道を続ける姿勢は」なのか。なぜ「を」ではなくて、「は」なのか。「は」と「を」の使い方の違いが分かる人、いますか。
　次は朝日新聞です。ここでも気になる表現が一カ所あります。「新聞社として、報道の面では公正な視点を貫きます」とあり、ここでも「公正」という言葉が出てきています。「報道の面」以外にはどんな面があるのか。僕のように疑い深い人間は考えてしまいます。これはどういうことを意味するのでしょうか。

右：朝日新聞、左：読売新聞

右：日本経済新聞、左：毎日新聞

図1　2016年1月21日の社告

　三つめが日本経済新聞です。「公正な報道」とは書いていません。では、不公正な報道をするのか。そんなことはないですよね、恐らく。面白いと思ったのは最後の3行です。「2020年に向けて成長する日本経済の姿を克明に報じていきます」と書いています。日経はオリンピックによる経済波及効果を期待して、経済

成長という視点でオリンピックをとらえているようです。さすが経済専門紙らしいですね。

　最後は毎日新聞。あまり特徴がなく、総花的な内容です。あえて言うと、「東日本大震災の被災地の復興を後押しするとの思いを新たにしつつ」という部分です。オリンピックで被災地復興みたいなスローガンがありますよね。本当にそうなるかどうか知りませんが、オリンピックによって復興を進めようという考え方を読み取ることができます。

　オリンピックというスポーツ大会のオフィシャルスポンサーになったことを知らせる短い記事ですが、言葉遣いによって各社ともそれぞれの思惑や考え方が読み取れます。しつこいようですが、なぜ読売と朝日は「公正」という言葉を使ったのか。なぜ言わずもがなのことを書いたのか。新聞社は日ごろから「公正な報道」を掲げていて、会社の綱領に明記しているところもあります。みなさん、なぜだと思いますか？

学生：最近、新聞社自体もあまり信用されていなくて、記事も政治的な影響を受けているのではないかと思われがちです。そうではないということを示すために「公正」という言葉を使ったのではないかと思いました。

　この場合は、政治的圧力というよりは、スポンサーとしての配慮でしょうね。自分たちがお金出しているイベントで問題が起きたときに、手心を加えるような報道はしませんと読者に伝えているのではないでしょうか。だから公正な報道「を」ではなく、「は」を使って強調している。やましいことはありませんと言ったばかりに、やましいのではないかと疑われてしまう。言わなければいいのに、書かなければいいのにと思います。自分たちは公正です、やましいことありませんと言えば言うほど、疑われてしまう。

　これも想像でしかありませんが、読売新聞と朝日新聞には、自分たちがスポンサーなることに対して何らかのやましさや後ろめたさを持っている人たちが一定数いたために、こういう文言が出てきたのではないかと思います。

3. 前史

3.1 大阪毎日新聞の場合

　スポーツ大会とメディアとの関係には古い歴史があります。前史です。毎日新

聞はかつて大阪毎日新聞社という名称でした。毎日新聞は大阪発祥です。朝日新聞もそうです。大阪毎日新聞社は明治時代からさまざまなスポーツ大会を自分たちで企画して開催してきました。それほど新聞メディアとスポーツは密接な関係があります。

　最初は明治 31 年、1898 年に長距離健脚走、つまりランニング大会を開催しました。明治 38 年、1905 年には海上 10 マイル競泳、遠泳大会です。翌年には大阪に浜寺水練学校を開設しました。シンクロナイズド・スイミング、通称シンクロはここで盛んに行われ、普及しました。浜寺水練学校は現在でも活動を続けていて、100 年以上の歴史を持っています。多くの卒業生がオリンピックなどで活躍しています。日本代表チームを指導する井村雅代さんも浜寺水練学校の出身者です。

　明治 42 年、1909 年には神戸・大阪間約 32 キロの長距離大会を開催しました。この大会で初めてマラソンという言葉が使われました。国内初のマラソン大会を開催したのが大阪毎日新聞社でした。

　大正 7 年、1917 年には高校のラグビー大会とサッカー大会を同時に大阪で開催しました。今では考えられませんね。ラグビーは今も大阪の花園で年末年始に開催されていますが、サッカーはその後、東京に移り、読売グループの主催になっています。

　このほかにもさまざまなスポーツ大会を開催し、今も続いている大会は少なくありません。新聞メディアとスポーツと間にはこんな歴史があります。では、なぜ新聞メディアはこれほどまでにスポーツにコミットしてきたのか。

3.2 新聞商品主義

　大阪毎日新聞に本山彦一（1835 〜 1932 年）という社長がいました。彼がリーダーシップを発揮してスポーツをはじめさまざまな事業に力を入れたわけですが、彼は「新聞商品主義」という言葉を残しました。新聞といえども商品に過ぎないということです。言論・報道の独立を守るためにはまず経営の独立が必要だと。書きたいことを書くのであれば、主張したいことを紙面で主張したいのであれば経営基盤がしっかりしていないとだめだと、彼は考えました。販売拡張と広告営業に力を入れ、採算のとれる新聞事業を目指しました。

　もうひとつは、ニュースの創出です。つまり自分たちでニュースを作って紙面で報道する。例えは悪いですが、何もない所に火を付けて、立ち上がる煙を見つけて、火事が発生したことを報道する。これによって部数の拡大と読者層の開拓

をもくろみました。明治・大正期において当時、スポーツは新しい身体運動文化でした。最初は一高や東大、京大などのエリート学生から始まりました。新しい若者文化でした。新聞メディアが力を入れるのは、競技の紹介・普及という側面もありました。位置付けは「社会（貢献）事業」です。新聞社がスポーツ大会を企画するのは社会貢献のためだということです。そういう大義名分を掲げたのです。

　新聞メディアとスポーツの間にはこんな前史がありました。以上の歴史を踏まえたうえで、新聞4社が今回、東京オリンピック・パラリンピックのオフィシャルスポンサーになったことをどう考えるかということです。

4.　サッカー

　ここからはサッカーの話をしましょう。僕はサッカー担当になったことがなく、試合を取材したことは数えるほどしかありません。ただ、サッカーを取り巻く状況や社会における位置付けについては考えてきました。毎日新聞で働いていた最後は論説委員としてスポーツや体育をテーマにした社説を担当していました。なにか問題が起こったときに会社としてこう考えます、こうすべきではないかという内容の記事で、個人の考えを書くコラムとは違い、署名は入りません。硬派と呼ばれる政治や外交、経済などについて論じることが多く、文化やスポーツが取り上げられることは滅多にありません。

4.1 日韓大会

　毎日新聞の社説で初めてサッカーが取り上げられたのは2002年のW杯日韓大会です。日本代表の試合がある日は新宿をはじめ渋谷、池袋、品川などのターミナル駅では青いジャージを着た人たちを目にしました。初出場だった1998年フランス大会で日本は予選リーグ3戦全敗でした。一度も勝てませんでした。2002年大会でロシアを破ってW杯初勝利を挙げました。毎日新聞の社説は何を書いたか。見出しは「世界を知る頼もしい若者たち」です。一回勝っただけで、この見出し。しかも社説で。当時の興奮ぶりが伝わってきます。

　この大会で日本は決勝トーナメントに進出します。社説は何書をいたか。見出しは「よくやった、みんなで拍手を」です。みなさん、どう思いますか。

　2002年は新聞メディアとスポーツとの関係の転機になりました。朝日新聞が初めて大会スポンサーになったのです。それまで新聞メディアは数々のスポーツ

大会のスポンサーになっていましたが、国内だけでした。甲子園の高校野球をはじめ、サッカーにしてもラグビーにしてもアメリカンフットボールにしても国内限定でした。朝日がW杯日韓大会のオフィシャルスポンサーになった2002年はターニングポイントになったのではないかと捉えています。一線を踏み越えたように思います。

　同じ年、読売新聞が日本オリンピック委員会（JOC）のスポンサーになっています。これは14年間続きました。2020年東京大会招致委員会のスポンサーになり、オリンピックを招致する側に立って報道をしたわけです。この流れで言えば、読売だけが東京大会のスポンサーなってもおかしくなかった。ライバル会社の朝日や日経、毎日と一緒にはやりたくないと、僕が読売の幹部だったら考えます。でも、結果的には4社共同になった。そこに至るまでにはいろいろな駆け引きがあったと聞いていますが、詳しいことは分かりません。日経は2006年のドイツ大会から、国際サッカー連盟（FIFA）のオフィシャルメディアサポーターになっています。日経のサッカー記事はレベルが高いと僕は思っています。

　2002年がターニングポイントになって、新聞メディアがスポンサーとして世界規模のスポーツ大会に対してコミットする流れが生まれました。コンテンツとしてのスポーツの扱い方が新たなステージに入ったと思うわけです。

4.2 ドイツ大会

　2002年の日韓大会で日本は初めて決勝トーナメントに進みましたが、初戦でトルコに負け、ベスト16で終わりました。そして、2006年ドイツ大会を迎えます。自国が会場になった2002年大会を超える成績が求められ、日本代表への期待は高まります。ベスト8とか、ベスト4とか。2002年の大会では韓国がベスト4に入っています。日本も続け、という話です。

　ドイツ大会では計4本もの社説が掲載されました。日本代表が2005年6月に出場権を獲得した時の社説の見出しは「実ったぞ『和』のジーコ流」です。ジーコは当時の監督で、元ブラジル代表でもある彼の采配への期待はとても高かった。その年の暮れに予選グループの組み合わせ抽選が行われました。日本はブラジルと同じグループに入りました。社説の見出しは「夢は大きく打倒ブラジル」です。しょせんは「夢」なのだからいいのかもしれませんが、会社の意見でもある社説は抑制的な表現を使うのが原則です。はしゃぎすぎとしか思えない、こんな見出しが付いたのは、当時の論説室の空気がそうだったのではないかと思います。スポーツ担当以外の、例えば政治や経済担当の論説委員もこの見出しをよし

としたのでしょう。

　大会直前、日本代表がドイツに到着した時にも社説は掲載されました。見出しは「胸の高鳴り増すドイツ入り」です。開幕の直前には「ジーコ日本の集大成」という見出しの社説が掲載されました。期待高まりよね。しかし、ご承知のとおり、日本は予選グループで3戦全敗でした。1勝もできませんでした。では、社説はどんなことを書いたのか。11年前の社説を、会社を辞めた人間が取り上げてあれこれ言うのは、フェアではないのではないかという気持ちもありますが、紹介しないわけにはいきません。見出しは「こんなにも弱かったとは」でした。自分たちで散々あおっておいて、期待を高めるだけ高めておいて、負けた途端に「こんなに弱かったとは」です。まさにマッチポンプ的な報道です。自分たちがマッチで火を付けておいて、自分たちがポンプで火を消す。偽善的な自作自演の手法・行為です。

　この社説は面白いことを書いているので内容の一部を紹介します。「あまりの力の差にがっかりを通り越して情けなくなった」とあります。それ以上に首をかしげたくなる表現があって、「マスコミの取り上げ方も実力以上に日本選手を大きく映してしまっていたのかもしれない」と書いています。さらに「悔しい1次リーグ敗退を機に、頭を冷やしてみることも必要だろう」とあります。頭を冷やす必要のある人たちは誰だと思いますか?

学生：社説を書いた人。

　社説を書いた担当者のことを責めるつもりありません。当時の空気を踏まえて書かれた記事だと思います。社説は、先ほど説明したように、個人の意見ではなくて会社の意見を書く記事です。まず担当の論説委員がこんな内容の記事を書こうとプレゼンをした後、他の論説委員から出された質問や疑問などを踏まえて書かれます。ベテラン記者たちのディスカッションを経て出来上がるのが社説です。「こんなにも弱かったとは」の社説を読みながら、とても恥ずかしい気持ちになりました。

4.3　ロシア大会

　先日、2018年ロシア大会に日本代表が出場することが決まりました。新聞はどう報道したのか。6紙（読売、朝日、日経、産経、東京、毎日）です。各紙とも1面で扱っています。読売の見出しは「日本W杯出場、6大会連続」。トップ

記事にした新聞もありますが、ほとんど違いはない。

　次は社会面の扱いです。1面と比較すると、情緒的な見出しが目立ちます。「歓喜いざロシアへ」「スタンド総立ち」「控えでも　本田がいるだけで」「さあロシア歓喜の波」などです。毎日の見出しは「『仕事の鬼』に涙　ハリル監督『ありがとう』」でした。朝日は「列島、全開アシスト」です。どういう意味でしょうか。日本国民が、日本にいる人たちが全員サッカーの試合をテレビで見ながら応援していたとも受け取れる見出しですが、僕のように興味がなくテレビを見なかった人間は想定されていないようです。

　6大会連続出場なのに、なぜここまではしゃぐのか。確かにW杯出場は簡単なことではないし、激戦のヨーロッパでは強豪国も出場を逃すことも珍しくありません。しかし、日本の6大会連続出場が1面で扱うようなニュースなのかと思います。本大会で決勝トーナメントに進んだり、ベスト8やベスト4などに入ったりすればともかく、アジア予選を突破したぐらいで、なぜそこまで紙面を割く必要があるのか疑問です。サッカーを愛し、日本代表を応援している人にとっては、僕の話は不愉快に聞こえるかもしれません。もう少し我慢して話を聞いてください。

5.　代表応援報道

5.1「感動」は野茂から

　スポーツ報道では近年、「感動」という言葉が頻繁に使われています。お堅い社説にいつごろ「感動」が登場したのかデータベースで調べてみました。

　1996年、野茂英雄というピッチャーがプロ野球の近鉄から大リーグのドジャースに入って2年目にノーヒットノーランを達成しました。このとき毎日新聞は「野茂よ感動をありがとう」という見出しの社説を掲載しました。社説には「同じ日本人として誇りにしたいと思った人々も、また多かったのではないか」というフレーズも出てきます。歴史的な快挙を、なぜ「日本人」という枠に閉じ込めて論じなければならないのか疑問に感じます。「感動」という言葉と一緒に使われるのが「夢」や「勇気」です。「夢をありがとう」「勇気をもらった」という表現もよく目にします。東日本大震災があった2011年3月以降は著名なスポーツ選手が「私のプレーで元気づけたい」「被災地を元気づけたい」「夢と勇気と感動を与えたい」などと話したことが報道されています。

5.2 代表迎えた横断幕

　サッカーに話を戻します。野茂が大リーグでノーヒットノーランを達成した3年前の1993年10月、日本代表はW杯アメリカ大会のアジア地区最終予選、イラクとの最終戦でロスタイムに追いつかれて、初出場を逃しました。この試合は「ドーハの悲劇」と呼ばれています。悲劇でも何でもないと僕は思っていますが、この時帰国した日本代表を、空港で出迎えたファンが「感動をありがとう」と書かれた横断幕を掲げたことが報道されました。

　僕の知っている限りでは、スポーツで「感動をありがとう」と大っぴらに言い出したのは、これが最初ではないかと思います。「感動」は日本選手が活躍した1998年の長野冬季オリンピックでもあふれました。NHKをはじめメディアは「感動報道」を展開し、定着しました。

　2020年の東京オリンピック・パラリンピックに向けて、新聞やテレビなどのメディアによる「代表応援報道」が増えていくでしょう。皆さんはそれをどう受け止めるのでしょうか。

5.3 メディアの役割

　星野智幸さんという作家がいます。彼は元産経新聞の記者で、自身のブログ「言ってしまえばよかったの日記」で2009年6月9日、次のように書いています。新聞社を辞めたとはいえ、新聞を愛するがゆえに言わずにはいられないという思いが伝わってきます。星野さんは「私の求める今後の新聞像とは、世の中に冷や水を浴びせる役割だ」と書いています。「インターネット時代、メディアは世の欲望や熱狂を加速させる機能へと特化していくばかりである。今やどうしても遅れるメディアである新聞には、むしろ『スローメディア』として世の欲望や熱狂に疑義を挟む役割がふさわしい」と。

　時代や社会の空気に迎合するのではなく、距離を置き、小規模でもいいから、冷や水を浴びせるメディアとして成熟してほしいとの願いを、僕は読み取ります。SNSなどで誰もがメディアになれる時代、発信できる時代、1日遅れのメディアである新聞は一体何を伝えていくのかと、何を報道していくのか。とりわけスポーツ報道は大きな課題に直面していると思います。

　僕はもう新聞社の人間ではありませんが、後輩たちには大きなものに流されず、自分がおかしいと思ったことを取材して記事を書いてほしいと強く願います。

6. 最後に

　新聞社に入って 20 年以上、スポーツ取材に携わってきました。どっちが勝つとか負けるとか、どっちが速いとか遅いとかいうことではなく、社会におけるスポーツの位置や意義について考えてきました。勝ち負けへの興味はありません。

　たとえば、100 年後のスポーツはどうなっているのか。こうあってほしいと思うであれば今どういうアクションを起こしたらいいのか。

　残念ながらというか、当然というか、新聞社における運動部の地位は低い。給与や人事の面で政治部や経済部、外信部、社会部よりも低い扱いを受けています。不当だと言うつもりはありません。そうなった理由を考えてみてください。

　スポーツはいいものだ、素晴らしいと言われますが、言われているほどはよくない。オリンピックや世界選手権でたくさんのメダルを取れば、サッカーの W 杯でジュール・リメ杯を取れば、スポーツに関わる人たちの地位や待遇は改善されるのか。

　今度の東京大会で日本が金メダルを 30 個、取れないと思いますが、取ったとしても根本的なところは何も変わらないでしょう。メダルを取った人たちは一時、それなりの注目を浴びてスポンサーが付くことがあるかもしれませんが、それは限られた人間でしかない。ただスポーツが好きで、趣味でスポーツを楽しんでいる人たちにプラスに働くか、彼らのスポーツ環境が改善するかということに関しては、影響がないと思っています。

　トップアスリートと呼ばれる一握りの人たちのために莫大なお金がつぎ込まれています。みなさんの税金です。toto（スポーツくじ）のお金も投入されています。それでも足りないからとオリンピック宝くじを発行する。そのことに疑問を呈する報道を目にすることはほとんどありません。

　最後にみなさんに考えてほしいことがあります。

　メディアは「感動伝達装置」でいいのでしょうか?

スポーツイベントの特徴と機能について

栗原　毅
元東海大学教授　イベント学

1. はじめに：今日お話しするテーマと内容

今日は「イベント」特にスポーツイベントの特徴や社会的な機能について、日ごろから思っていることを皆さんにお話ししたいと思います。

全体を3つに分けてお話しします；

1　イベントというものの本質・社会的機能について

2　スポーツイベントをビジネスにするという考えと現状

3　スポーツイベントビジネスの問題点

初めの話はちょっと理屈っぽいかもしれませんが、どうぞリラックスして聞いてください。

2. イベントの「本質」

2.1 イベントは「人と私のかかわりあい」：「私にとって」の大切さ

では「イベント」という言葉の意味から始めましょう。日本語では「出来事」とか「催事」とか翻訳しますが、今ではそのまま「イベント」で通じてしまいますね。

でも、この言葉の意味は？　「イベント」の定義ってなんだろう。「イベントは出来事だ」といってもよくわからないですね。だから私も勝手に自分の見方で「定義」しています。

そもそもこの世は出来事で満ち溢れています。遠い国々では何十年も戦争が続いているし、ノーベル賞のニュースも毎年報道される。昨年はオリンピックが開催されて盛り上がりましたし、一方で事故や災害も数知れません。みな「出来事」

ではありますが、事故や災害をイベントとは言いません。オリンピックはイベントとよべますが、山中先生のノーベル賞受賞は？　これも出来事ではありますが、それ自体はイベントではありません。でもノーベル賞の授賞式はイベントといいますね。一方で大学の卒業式は我々にとってはビッグイベントですし、お雛祭りやクラブの新入生歓迎会も立派なイベントでしょう。

　というわけで、どうもイベントという言葉には「出来事」という日本語からはみ出すニュアンスがあるようですね。

　私の見方ですが、「出来事」と「イベント」の間の溝は「私がかかわっている」かどうか、「私のかかわり方」あるいは「私が個人的に経験するかどうか」という点にあるのではないかと思うのです。私にとって、隣のうちのお雛祭りはただの出来事ですが、そこに招待されたら、私も参加するイベントになります。みなさんにとって他のクラブ活動の宴会や活動はただの出来事ですが、自分たちの春の合宿は大きなイベントでしょう。

　私は「自分がかかわること」という点を大事にしたいと思うのです。

　イベントという言葉には「この世の多くの出来事の中で、私が経験すること」という意味合いがあるといえるのではないでしょうか。もし私がトップアスリートだったらオリンピックは私にとっては大きなイベントでしょうし、一般人の私にとっても「アスリートの活躍を見て感動する」というかかわりの中でイベントになるわけです。

　さらに、イベントは「人が準備してしつらえるもの」でもあります。出来事は準備されません。事故や災害はイベントではありません。人の営みが入り、準備するものと参加者するものがなんらかのコミュニケーションをとる。これがイベントの特徴だと思うのです。

　いきなりこまごまとしたリクツを申し上げました。イベントのコトバ上の定義にこだわるつもりはありませんが、イベントは「人と私のかかわり具合」というコンテキストがあるということはおぼえていただきたいと思います。「人がかかわって準備された物事に私がどうかかわるか」によって、ある出来事が「私にとってのイベント」となるかどうかが決まっていくわけです。

2.2 ヒトの始まりは経験から：五感

　イベントは私がなにごとかにかかわって「経験」すること、といってもいいわけですが、この「経験」ということについて考えてみます。

　私には生まれたばかりの孫がいるのですが、この子が「自分と外界」をわかっ

ていく様子がとても面白いのです。

　産まれてしばらくは、無論記憶や言葉というものはなさそうです。快・不快の反射がメインですね。で、やがて自分の身体を感じるようになる。手や足や皮膚は、どうやら「私」とつながっていて、ある程度私のコントロールが効くということに気づきます。そして身体以外は「そと」だと「わかってくる」。ここに私っていうものがいて、外っていうのがあるんだと。

　言ってみれば、これが初めての「経験」。その経験は主として「触る」ことによります。初めは口で。次第に手や足で触る。自分という、肉体という体の中にエゴがどうやって形成されていくのかはここでの話ではありませんが、身体感覚が経験の始まりだということには納得していただけるでしょう。まず口で感じる。舌とクチビル。その周辺の敏感な皮膚。そして手に気付き、足を認識し、触覚でまずは外界とコンタクトするわけです。

　肉体、接触、皮膚感覚というのが、一番初めにあると思うわけです。

　聖書には「初めに言葉ありき」とありますが、実は言葉より身体接触という経験がさきなのでした。「初めに身体経験あり」かな。

　身体接触で私たちが得るものはいわゆる五感：見る、聞く、触る、嗅ぐ、味わう、を通じての経験です。言葉より強力で深く、記憶に残るものです。

2.3　コトバは遅れてやってくる：記憶は情景

　ここでみなさん、ちょっと幼いころの記憶、一番昔の記憶を思い出してみてください。

　幼稚園のころ遊んだ広場や友達の顔、ブランコやボール遊びかな。

　ところでそれらはほとんど全部情景でできている。―といわれると「？」と思うかもしれませんが、ご自身で確認してください。我々の記憶はほぼ言語以外の場面記憶で構成されています。幼いころだけでなく、成人してからもナマの記憶は場面・情景です。言語化されてはいない。だからゆうべ観たテレビの内容を友達に説明するのは大変苦労する。情景で記憶していることをコトバに変えるのはおおごとなのです。

　経験した事柄を言語で説明して他者に伝える。この高級な技は大人になってからはぐくまれるものですし、みなさんもきっと「言葉で説明すると面白さは伝わらない」というもどかしさを感じたこともあるでしょう？

　「言葉はあとづけ」。再構築であり、他者に伝達するための方便にすぎない。別の言い方をすれば、言葉では、我々の経験した事物や思いのほんの一部分しか伝

達できない。「ロゴスはパトスに優先する」などということはない。初源的な情景記憶の方がずっと強力にわれわれの経験場面に刻み込まれている。このごろはやりの「記憶術」のほとんどがこの事実に基づいた「情景を使って記憶を励起させる」方法をとっていることも、これを証していると思うのです。

2.4 イベントは共有：良い瞬間を分かち合うこと

　ここまで、経験は記憶、記憶は情景であり、言葉ではホンのわずかしか伝えられない、ということを申し上げてきました。我々の人生は、実は言葉にできないものがほとんどで、そちらの方が「価値」があるんじゃないか、というのが私の立場です。

　だから私はイベントをたたえる。

　イベントのホンシツは、言葉を越えた驚きや感動「わお」を共有すること。

　後からコトバで批評したり議論するのではなくて、その場でうわーきれい。うわーおいしそう。あー楽しかった。あー良かったね。というような、記憶の一番もとになる情景と感動をナカマと一緒に味わせてくれるところです。「一緒に何かやりたい、ある瞬間的な価値を共に味わいたい」というのは人間の根本的な衝動かもしれませんね。

　別に大きい催事でなくても良い。クラブの宴会。おい今夜飲みに行こうぜ。嫌なやつとは酒飲みに行かない。好きな友人、2、3人でいいですよね。仲間で酒場に行く。なんで飲み会をやるか、なんていうコトバギモンはあとまわしで良い。一緒に何かやって楽しいという、その瞬間を共有したいということ。「あのとき楽しかったね。」だったり「昨日 XXXX 見た？」「うん、見たみた！　あの場面がおもしろかったね」。会話が共有の喜びになる。友達とワイガヤ話すのが楽しいのは、共有の場が出来上がっているから。ああだこうだ、私はそう思うとか、こう思うとか、いろいろ話が盛り上がる。イベントっていうのは、共感する空間を一緒に作れる。そういうためにあるわけ。

　共有するのは楽しい時空間だけではありません。ドイツにネアンデルの谷という場所があります。ネアンデルタール人が発見されたことで有名ですが、ある時そこでお墓らしいものが見つかった。発掘してみると14歳か15歳の女の子の骸骨が埋まっていた。遺骨はきちんと寝かされて、かたわらに花粉の化石がたくさん発見されました。その女の子を埋めるときに、花を添えたわけです。これは立派なお葬式ですね。残されたものが共に死者を悼み弔うイベントです。人生の節目に、カゾク・ミウチ・ナカマと何かを一緒にしたいという衝動が、儀式やイ

ベントを太古の昔から形作ってきたわけであります。

　ムレの中で「仲間の確認」などを共有する、という行動は一般にグルーミングと呼ばれますが、イベントにはミウチのグルーミングという要素もあるわけです。絆の確認だったり、楽しい快適な時間だったり、また厳粛な別れの儀式だったりしますが、宴会も儀式もオフ会もアイドルグループの握手会もこの種の「共有の会」といえます。あなたと一緒にいる。語り合うだけじゃなくて、一緒に何事かを味わう。言葉以上の何事かをわかちあうというところに、イベントの真骨頂・凄まじさというか。源泉のようなものがあるわけです。

　さてここまではイベントの本質というか性格を述べてきました。話をまとめると、イベントは絆：人間のコミュニケート衝動の発露である、と言っても良いかと思います。

3. 「スポーツイベントをビジネスにする」という考え

3.1 イベントと興行：今も昔も

　ここまではいわば「ミウチイベント」の話でした。あなたと私たち、仲間で一緒にやりましょうねという種類のイベントの話。言ってみれば、絆としてのイベント。私はこれがイベントの本質だと主張していますが。

　一方で、昔から「すごいもの見たさ」というものもある。超人的な技能を視たり、他の人が経験しないようなことをしたい。そのためならお金を払ってもいい。

　別にミウチとの絆がどうとかいうのではなく、ただ「びっくり」したい。

　この衝動を満たすのもイベントでした。見世物小屋、歌舞伎、手品にサーカス。今では多くのスポーツイベントがこの特徴を活かして「魅せる興行」を開催しています。魅せるワザを持っている人々がワザを切り売りして生活している（生活している、というコトバを巡ってはスポーツアマチュアリズムの問題が付きまといます。これは後から説明します）。

　異能見物は楽しい。あとから話のタネになる。ものすごい大声が出せる人もいるし、大食や早食い、けん玉名人の技を見る。そういうのが江戸時代からずっと連綿として存在していて、そういう芸をやる人を芸能人という。異能を見る。見る快にお金を払う。

　イベント鑑賞者という消費集団が成立して、イベントで生活する異能者を金銭的に支えている。

3.2 スポーツイベントビジネスの源：「ホット」と「クール」

「スポーツイベントをビジネスにする」という業界が成立するおおもともここにあるのでしょう。要は「ビックリにお金を払う」鑑賞者がいる、ということです。

ここでちょっと「興行としての可能性」という見方からイベントを分類してみましょう。

イベントにはいろいろな種類がありますので、細かく分けていくときりがありませんから、対象をいわゆる芸術系イベント（展覧会や音楽会）とスポーツイベントに絞ります。

まず芸術系イベントは、一般的にびっくりの度合いは小さいといえるでしょう。多くの人が一目見てびっくりするほど素晴らしい絵画というものは想像しにくいし、音楽も超絶技巧や大掛かりな視覚効果（ユーミンや T-REX が導入したエンタメコンサートなど）を除いては、演奏や技巧自体にびっくりする、という性格はあまりありません。

一方、スポーツイベントにはびっくり要素が満載です。これについて説明の必要はないでしょう。「より高く・より早く・より強く」。異能のカタマリです。

さらに決定的なことは、スポーツには競争性というものがあります。相手と戦う。ムレの絆にとってこれほど高揚する瞬間はありません。鑑賞者はムレのナカマ・国の代表として異能者を応援します。アイデンティティを直接鼓舞する。だから応援の本気度が高まるし「はらはらどきどき」も極端化する。芸術イベントにはこれがない。

もうひとつ、スポーツには「ライブによる感動」という性格があります。これは音楽にもありますが、強くはない。音楽は何回でも再生して楽しむことができますよね。だから皆さんも街中でイヤホンをつけて歩いている。これに対してスポーツは「その場の感動」が最大の「売り」です。音楽と比べて「ライブであること」の価値が何倍も高いのです。これについては後でマラソンの例を挙げてお話しします。

芸術イベントとスポーツイベント。私は「ホットイベントとクールイベント」という分け方をしています。

「ホット」スポーツイベント：ムレの絆・競争性・ライブによる一回性の感動

「クール」芸術イベント：個人の価値観・作品の内在価値・感動の再現性

イベントの基本である①ムレの代表性に、②競争性と③ライブ性が加わって「今この現場でナカマが勝つか負けるかの戦いをしている」という手に汗握る状況を産み出す。さらに「ビックリ」を見たい④異能鑑賞欲求。

この4つの要素がスポーツイベントの「興行可能性」の根本にあるわけです。

そして、これら4要素を強力に支え、異能による生活を可能にしている基盤がテレビ放映です。

3.3 スポーツイベントの最大パートナー：テレビ

一番わかりやすいので、まずオリンピックの例を挙げましょう。

1976年のモントリオールオリンピックはさんざんな失敗だったといわれています。オイルショックのあおりを受けたこともあり、10億ドル、今の為替計算でも1100億円ですか、大変な赤字を計上して、結局税金で穴埋めしなければならなかった。

この失敗を反省して「金儲けの仕組み」を熟慮の上実施、大成功と謳われたのがロサンゼルス大会でした。今度は黒字が400億円。いわゆる「商業主義的五輪」の始まりです。

お金儲けの柱は4本。ロゴ使用権ビジネス、キャラクターマーチャンダイジング、入場料収入、そしてテレビの放映権です。

ロゴ使用権というのは「お金を払った少数のスポンサーだけがオリンピックという名称や五輪の輪のマークを使える」というもの。それまでは比較的おおらかに使用されていた五輪の諸権利使用を厳しくして「権利保有の価値」を高めたわけです。

キャラクターマーチャンダイジングは、関連グッズの販売（権利販売）です。バッジやピンズ、ロゴを使った人形やお土産などの販売ですね。

入場料はいわずもがなでしょう。現在も高騰していますよね。

さてこの柱の中で最大の収入源がテレビ放映権でした。確か400〜500億円。黒字部分と同じくらいの金額だったかと思います。テレビで黒字になった大会というわけですね。

以上4本の柱のビジネス構造は今でもメガスポーツビジネスの基本となっています。中でもテレビ放映は、ライブ・競争・絆という、スポーツイベントのホットな性格と見事に対応して、世界中で巨大な視聴者（視聴率・広告収入）の源泉となったのでした。

3.4 絆とライブについてのふたつのビジネス事例：プロレスとマラソン

ここでホットなイベントとテレビとのシナジーについて、いくつか事例を挙げてみましょう。まずはプロレスとテレビの例。

テレビの黎明期、まだ世帯に普及していない1960年ころ、テレビを普及させるための方策として街頭テレビというものがありました。人が行き来する交差点や広場にテレビを設置して、通行人がみんなで見る。ちょっとほのぼのとする風景でもあります。

　この街頭テレビで人気を博したのがプロレスでした。善玉の力道山と悪役のブラッシー（といいましたっけ？）。力道山は初めはブラッシーの反則技や隠し持った凶器に悩まされるが、最後には空手チョップでやっつける、というお定まりの筋書きです。初め苦しみ最後に逆転。この手法は後にウルトラマンや水戸黄門などでもおなじみですね。

　このやりかたは「絆」意識と「ハラハラドキドキ」、最後は悪い相手をやっつけて溜飲を下げるというイベントのすっきり（カタルシス）効果をよく示しています。

　プロレス放送当時、戦争で負けた心の傷はまだ残っている。だからアメリカは「悪役」。当時はビデオ収録などという技術はなく、すべてが生放送だから、どうなるかはわからずハラハラする。でも最後は空手チョップで「正義が勝つ」。街中に街頭テレビが置いてあって、群がるように見ていたのです。仮想敵は悪いやつという競争シナリオと絆意識が見事に結合、人々の関心を得ました。絆意識と仮想敵国との競争という基本をうまくしつらえて成功したわけです。

　現代に戻って、もうひとつ例を挙げます。それはライブスポーツの価値です。これを最もよく表しているのが駅伝やマラソンです。マラソンも駅伝も人気スポーツ番組の一つですね。でも、魅力はどこにあるのだろう。なぜ「マラソンの実況中継なんか」を見るのでしょうか。画面としては実につまらない。異能もなければめくるめく技や競争的映像もない。ずっと走っているだけです。でもマラソンも駅伝も人々をテレビに釘付けにします。

　それはライブだから。今起こっていることをそのまま中継している。だからどう展開するかわからない。次の瞬間がわからないから固唾をのんで見守る。サスペンスの魅力です。

　マラソンや駅伝の面白さは、わかりやすい競争性（抜きつ抜かれつ）とライブであることに尽きます。マラソンを録画して見る人はいません。今、そこにある競争の瞬間をテレビが写し取ってくれて、茶の間に投げかけてくれる。ライブ中継、生でなくてはならない、生の息づかいをテレビが中継してくれるところがマラソンの魅力なわけです。

3.5　ほど良い融合：サッカーのやりかた

　イベントの4要素からビジネスを考えてきました。ここでサッカービジネスに目を向けてみましょう。

　スポーツイベントをビジネスとして考えるとき、常に比べられるのがサッカーとオリンピックですが、構造はかなり違う。

　オリンピックのビジネスの中心は「テレビで見る人」からお金をいただく。見る人の「絆」感覚は「国家」という共有できるアイデンティティが担保しています。

　ここにはスポーツを「する人」という要素はほとんど入っていません。競技がたくさんあるという理由もありますが、普段あまりなじみのない競技でも「日本代表」として登場すると視聴者はハラハラドキドキできます。

　一方でサッカーは、基本的には「する」スポーツです。これほど世界中に広がっている単一スポーツは他にありません。だから「見る人」のかなりの部分が「する人」でもあります。従って異能の技のすばらしさもすぐ観客が共有できます。スタジアムでは「選手と一体になって」応援できる、いわば心のインフラが整っています。

　これは「会場の一体感」をはぐくむのには最適の土壌でしょう。それに加わるのが「地域性」です。Jリーグは地域代表のチームです。チーム名自体が土地のアイデンティティを表しているから、郷土愛と一体化するのは容易です。

　これを応援するスポンサーも、テレビ広告収入にはそれほど頼ってはいません。Jリーグが地域性を全面に押し出し、テレビというより会場での活動や育成選手の移籍金などのメディア外収入を重要視していることは事実でしょう。Jリーグ立ち上げ直後、大手スポンサー各社にヒアリング調査をしたことがありますが、「テレビ広告ばかりに頼るのは危険だと思う」という回答が各社から寄せられたことを記憶しています。

　日本のJリーグは、地域のアイデンティティを取り込むことによって、ビジネスがテレビ頼みになることを避けた好例と言えそうです。

4.　スポーツイベントビジネスの問題点

4.1　絆の暴走：排他

　「絆」がイベントの根幹にあるということをはじめにお話ししました。ミウチのグルーミングです。スポーツは地域性や「スポーツする仲間」を糾合しやすく、競争がその仲間意識をさらにかき立てます。「感動をありがとう！！」。ホットで

結束感に満ちた高揚をもたらしてくれます。

　でもこれが行き過ぎて起きた問題も数知れません。南米ではサッカーの試合が戦争の引き金になってしまったこともありますし、日本ではJリーグのファンが会場に外国人排斥の掲示をして問題になったこともあります。オリンピックが「戦争の代理」といわれることがありますが、ミウチの絆と競争意識があまり高揚しすぎると問題を起こしかねません。

4.2　アマチュアリズムの問題：スポーツと体育

　今のオリンピックはプロもアマも出場できるオープン大会ですが、アマチュアスポーツとお金の問題はなかなか一筋縄ではいかない。

　日本のスポーツは「体育」という概念によって支えられてきました。教育の一環として体を鍛える。体育関係者には、高校生や大学生が素晴らしい演技をしてもそれは教育の結果、教育の一環だから「お金を取るなんてとんでもない」という気持ちが残っている。

　ましてもともとはスポーツと関係のない企業が「イベントを盛り上げるために」参入してお金を儲けているのは、いかがなものか、という主張もあります。凛呼たるアマチュアリズム。ロサンゼルス大会以前、クーベルタンのオリンピックですね。

　私はもともと広告業界で働いていて、今は体育学部に籍を置いているので教育的スポーツと興行的スポーツ両方の主張と心情に板挟みになっています。

　「アマチュアだからお金は取ってはいけない」というのももはや機能しないイデオロギーだとは思いますが、スポーツイベントの絆感覚の高揚を「材料にして」手段を択ばずお金を儲けようとする姿勢が見え隠れするのも困惑します。たとえば高校野球。選手という名の出演者が出演料ゼロで汗を流しているのは「教育の一環」だから仕方ないわけなのでしょうが、ドラフトとかスカウトの動きとか契約金のニュースなどをみると、教育の美名とビジネスの思惑とが混在して、どうも納得できない思いに駆られ、アンビバレンツ（愛憎併存）状態が続きます。

　大学スポーツにも似たような状況があります。教育の一環なのか、大学の宣伝機関なのか、大学ビジネスの手段なのか。昨今日本もアメリカのように大学スポーツを統合して「効率的にビジネス化しよう」という構想があります。日本版NCAA（National Collegiate Athletic Association：全米大学体育協会）と称するものですが、あまりに広告宣伝と大学ビジネス意識が強すぎて私には賛成できません。スポーツイベントの価値を、ただのビジネス手段として見ているように思

えてならないのです。

4.3　見るスポーツの暴走

　イベントは、われわれの非常に初源的な「絆衝動」を満たすものです。その場で、ナカマとある強い思いを共有する。スポーツイベントは競争性を持っているから、さらにミウチ・ナカマ意識を刺激する。

　そこにテレビが出現して「観るスポーツ」がいわば独立・台頭してきました。「するスポーツ」の部分が縮小して、スポーツ番組はライブ感あふれる優良コンテンツとなったわけです。

　スポーツを一緒に観戦して盛り上がることができる。スポーツカフェに行けば仲間意識はさらに高まる。サッカー勝った、日本優勝だ万歳とか、皆さんも経験されたことがあるかもしれない。そういう魔的な、酔うことのできる巨大収入源として君臨しています。

　この種の「感動をありがとう」高揚ビジネスを否定するわけではありません。テレビ屋・広告屋・イベント屋のはしくれとしては、ビジネス機会が拡大するのは好ましいことですし、別に世に愧じるような後ろめたい仕事でもありません。

　問題はスポーツ界の方にあるような気がするのです。文科省が提言している「スポーツ立国戦略」というものがあります。試みに引用します。

　文科省　「スポーツ立国戦略」
　スポーツを通じて幸福で豊かな生活を実現することは、すべての人々に保障されるべき権利の一つである。各人の自発性のもと、各々の興味・関心、適性等に応じて安全かつ公正な環境のもとで、日常的にスポーツに親しみ、スポーツを楽しみ、スポーツを支え、スポーツを育てる活動に参画する機会が確保されなければならない。
　○こうした観点から、スポーツを実際に「する人」だけではなく、トップレベルの競技大会やプロスポーツの観戦など、スポーツを「観る人」、そして指導者やスポーツボランティアといったスポーツを「支える（育てる）人」に着目し、人々が生涯にわたってスポーツに親しむことができる環境をハード（施設等）、ソフト（プログラム・指導者等）の両面から整備する。
　○具体的には、地域における人々のスポーツ機会の確保・充実を図るとともに、豊かなスポーツライフを実現する基礎となる学校体育・運動部活動の充実に取り組む。また、世界で活躍するトップアスリートが安心して競技に専念で

きる環境の整備や、トップアスリート・指導者・審判員等に対し、必要なサポートを提供する。さらに、国際競技大会の招致・開催を積極的に支援する。

○我が国のスポーツの普及及び競技水準の向上において重要な役割を担うスポーツ団体の運営は、スポーツを行うアスリートや指導者等の個人にとって大きな影響がある。また、スポーツ界には、国費はもとより、スポーツ振興基金・スポーツ振興くじ助成など多額の公的な資金が投入されている。スポーツ界にはこれら財源をアスリート等の育成・強化やスポーツの普及のために効果的・効率的に活用する責任と、公的な資金を受給するのにふさわしい団体のガバナンスが求められる。

○このため、国はスポーツ団体等と連携・協力し、団体のガバナンス強化、紛争解決システムの整備、ドーピング防止活動等を通じて、透明性の高い公平・公正なスポーツ界を実現する。

この中では、観るスポーツにはほとんど言及されていません。スポーツを「観る人」にも「着目して」「環境を整備する」と言っているだけです。スポーツを観る人は、スポーツのひとつの要素ではあるが、ことさら具体的な施策をもって応援する対象ではないということです。

私は別に文科省の姿勢をたたえるつもりはありませんが、スポーツ界の使命はまさにここで示された通り、まずスポーツをする人々、それを支える人々の育成に注力することだと思うのです。

たしかに「お金は大事」です。スポーツを支えるべき巨額の資金源はほぼ「観る人」からのものです。観る人・スポーツを観るに堪える番組にするために加工する企業群は大事でしょう。

ただスポーツ界が資金調達を先行させ、のめりこむのはいかがなものかと感じるのです。

イベント＋スポーツの本質は　「その場で（ライブ）」・「ナカマ（絆）」と「ある良い瞬間を共有すること」だと繰り返しお話してきました。この性質は、他にないスポーツ界の財産です。どうかよく理解・尊重してほしいものだと思います。

4.4 eスポーツ

最後に、本日のお話のコンテキストから考えると、どうしても一言コメントしておきたい状況が出てきました。いわゆるeスポーツというジャンルです。

競技性の高いゲームで、それを大会にして観客が「観る」。Jリーグが参入す

るというので話題になりました。

　それにしてもすばらしいネーミングですね。どなたが命名したのかは知りませんが「スポーツは元来余暇とほぼ同義である」という語源を逆手にとって、スポーツと身体運動とを引き離してしまった。運動（学校体育かな？）とは無関係のゲーマー諸氏も「アスリート」となるわけです。

　さてこれはスポーツか。「やる人」のすそ野は広い。見て楽しむこともできるようです。

　ハラハラドキドキもあるし、ナカマのキズナも設定できそうです。少なくとも今日ここでお話ししてきたスポーツイベントの枠組みからはずれることはなさそうですね。

　違和感と議論点を一つ二つ挙げてみましょうか。まずこれはスポーツか。スポーツなら体を使うだろう、と。身体の駆使がなければスポーツではないだろう、という立場があります。体育学部の教員は多くがこう思っていることでしょう。

　けれどもそれは定義と名称の問題で、身体運動がないからと言ってスポーツと呼んでいけない理由はない。

　バーチャルだからダメだ、という意見も出てきそうです。競技が繰り広げられるのは仮想空間で、現実ではない。だからスポーツとは言えない？　これには一定の説得力があります。でもだからと言ってスポーツと呼んではいけないとまでは言えないでしょう。

　AIが競技者になっても観客にはわからない、という批判もでてくるかな。極端に言えば、まったく人間が介在しなくても素晴らしいパフォーマンスが観られる。これをスポーツといえるのか？　という疑問でしょう。確かに最高に優れたパフォーマンスを見せるのは、多分これに特化されたプログラムなのでしょう。AI将棋の事例があります。「人間の介在する余地が少ない！」という批判です。人の営為に基づかない「スポーツ」はスポーツといえるのか。しかしこのリクツは特殊な状況を想定して全体を批判する類です。

　ううむ。eスポーツへの批判はどれもこれもオヤジのいちゃもんに近いようです。私は個人的にはeスポーツをスポーツだと謳うことには違和感を持っていますが、これをスポーツでない、と切り捨てる論理が見つかりません。eスポーツ大会もスポーツイベントの範疇に属すると考えざるを得ないようです。これも「観るスポーツ」が台頭発展してきた一つの結果なのでしょうか。

おしまいに

　スポーツイベントが持つ4つの性格を基本に現状と問題点を申し上げてきました。

　こうしてみると、私たちは実に恵まれた社会に生きていることかと実感します。

　「仲間と一緒に素晴らしい瞬間を共有できる」機会をいくつも手軽に享受できる。これは相当まれな自己実現社会だと思いませんか。

　皆さんに敢えて申し上げれば、スポーツイベントを観るだけの受動的享受者だけでなく、機会があれば「参加者」あるいは「体験者」としてこの瞬間をさらに深く味わっていただきたいと思います。

　ありがとうございました。

演劇とサッカーの身体文化

村田真一
上智大学教授　ロシア演劇

1. はじめに

　講義者が対象地域をロシアとヨーロッパに定めて演劇を研究していることから、ここでは、身体性を拠り所に演劇とサッカーの特質における接点を見出すという問題設定を行ないます。扱う事例の多くは、ロシアとヨーロッパに関するものです。

　本題に掲げた身体文化は、演劇とサッカーの共通点や差異を明らかにするためには不可欠な概念ですが、その概念規定については、今後ますます研究が盛んになるでしょう。

　さて、今回の連続講義のテーマは、サッカーコンテンツ、つまり、メディアを通してサッカーをどう観るかということでした。そこで、まずサッカーを扱った芝居を調べてみたところ、演劇というよりはダンス・パフォーマンスのような形態のものがありました。2016 年 8 月に、六本木の Zepp ブルーシアター六本木で『キャプテン翼』を上演しています。かなりアクロバティックな芝居で、音楽に合わせて踊る、むしろミュージカルやダンスのような設定でした。ダンスとサッカーにも重なり合うところも多々あると思いますが、ここでは、言葉のある芝居とサッカーを結びつけてみます。

　サッカーは、古くから文学作品にも登場します。シェイクスピアに『リア王』や『間違いの喜劇』という戯曲がありますが、これが書かれたのは 16 世紀でした。そこに、サッカーに関する興味深いせりふが出てきます。「ボールのように人を蹴る」というおもしろい表現があって、「あんなやつボールみたいにして蹴っちゃえ」という文脈でサッカーボールが使われています。

　メインテーマは、両者の共通点と差異をすり合わせて身体文化を追究すること

ですが、まず、演劇とサッカーの特質をそれぞれ検討してみましょう。

2. 演劇の身体性

　現代劇でも能でも歌舞伎でもなんでもよいのですが、みなさんは芝居を観たことがあるでしょうか。けっこういるようですね。

　さて、演劇の大きな特徴とはいったい何だと思いますか。演劇は、演じる人だけがいても始まらないのです。観客がいないと成立しない芸術だということが、最も重要な点です。観客は、話の展開をただ追うだけでなく、芝居を観ている自分が登場人物の誰かに同化したり、少しでも同じ気持ちをもつことができます。それは、すべて観客の想像力を介して実現するのです。本を読むときも、時代背景や登場人物の気持ち、風景などを思い描いて読んでいますが、演劇では、目の前にいる人の動きを通して、想像力をたくましくします。

　次に、観客のリアクションです。リアクションのない芝居はありません。観客のリアクションには、まず拍手があります。拍手のタイミングは難しく、たいていは最後だけですが、間で拍手したり、歌舞伎のように、「〜屋！」という掛け声をかけたりすることもあります。

　俳優は、ため息や聞こえない何かを客席から感じます。この芝居はつまらないなと思って観ている観客がいたり、観客が途中で出ていったりすることも含めて、すべてがリアクションです。そして、そのリアクションが劇の進行に大きな影響を与えます。芝居のスピードが変わってしまったり、場合によってはせりふが変わってしまったりすることさえあるのです。

　演劇では、身体と並んで、言語が不可欠な表現手段です。せりふのない芝居はふつうありませんが、黙劇といって、黙ったままやる芝居もあることはあります。あるいは、せりふを言うのは演じる人ではなくて、古代ギリシャ劇や能楽のように、歌を使って、他の人が物語を追ったり、人物の内面を伝えたりすることもあります。しかし、基本的には演じる人がしゃべります。

　みなさんも気づいているかもしれませんが、芝居では、せりふが先に出るのでしょうか、それとも先に体が動くのでしょうか。

Ａ：動きです。

　そのとおりです。動きがせりふを誘い出します。そうでないと、せりふはしゃ

べれないものです。私も今ここに立って、話の展開をどうもっていこうかと、み
なさんのリアクションを見ながらしゃべっていますが、やはり、動いたり、手を
上げたりした瞬間に言葉が出ているはずです。じっとしたまま話し続けることは
できないでしょう。

　それから、次に大事なのが、役の感情に合わせて行動する必要性です。役の感
情とは何かというと、たとえば、みなさんが俳優になって舞台に立ったとします。
舞台上で表わすのは、みなさん個人の感情ではありません。芝居には、役柄と
いう大きな約束事があるため、役の感情を作らなくてはなりません。「造形する」
と言った方がよいでしょう。それに合わせて行動するという意味で、その役者本
人の動きではあるのですが、それは実は役の動きになっているところが非常に面
白いのです。

　俳優の舞台動作には、必ず目的と記号性があります。みなさんは、日常生活で
常に明確な目的を持って細かく動いていますか。そういうことはあまりないでし
ょう。ご飯を食べるとき箸を取るのは当たり前ですが、それを含めて、芝居では
動きが全部細かく決められています。アドリブを入れてもよいのですが、すべて
の劇的行動には明確な動機や意図があります。ものを無造作に取り上げたり、相
手の顔を見たりしても、観客にそれが何を意味するのかを伝えなくてはなりませ
ん。つまり、俳優は、なぜそのように動いているかが観客にわかるように、かつ
詩的に演じるのです。そのためには、日々の厳しい訓練が必要になります。

　トレーニングは、的確なせりふの言い方と表情の出しかた、動作による表現の
しかたをおもに訓練します。俳優には誰でもなれるかというと、自然にはなれま
せん。「どうぞ、舞台に立ってください」と急に言われてもできないと思います。
せいぜい1日、2日でしょう。人に見せる仕事なので、その先は続きません。だ
から、あらゆる面でトレーニングしなくてはいけないのです。このトレーニング
は、後で紹介します。とくに帝政ロシアとソ連の時代の前衛劇のトレーニングは
本格的で、スポーツ選手並みの訓練を施しました。

　それから、舞台上演の目的ですが、これは日常生活や現実世界をそのまま映し
出して再現するのではなく、夢幻の世界を創造するのです。だから、日常動作だ
とか、朝起きて、外へ出て、会社に向かうという場面を舞台で見せるにしても、
そのままの現実を映すわけではありません。映画はその人物の後ろ姿だけを撮る
ことがありますが、演劇でもある部分を拡大して見せます。だから、演劇は人生
とか世界の鏡だと言われることがありますが、ふつうの鏡ではないのです。ゆが
んだ鏡でなくてはならないと考えておいてください。

芝居のすべてはフィクションです。ドキュメンタリー・タッチの演劇もありますが、これはフィクションです。事実をそのまま再現することはありません。実在する人物が出てきても、芝居はあくまでフィクションです。

　もちろん、トリックはあります。たとえば、伏線です。これは、これから起きる出来事に関係のあるものやせりふを前もってほのめかすことをさします。舞台に置いてある道具は、そこに観客が注目するような演技を俳優にさせるためです。この道具は、後で使われたり、決定的な意味をもったりします。

　チェーホフの戯曲『かもめ』では、最初の方でベンチに死んだカモメが置いてありますが、そのカモメが、実は、登場人物である若い女優の運命を占っていることも、観た後でよくわかるのです。

　道具が何もなくても芝居は上演できますし、デフォルメした大道具でもかまわないのですが、ふつう、大道具、小道具とか、照明、音響、メイクなどが使われます。これもフィクションに必要な手段です。日常生活では舞台俳優のようにメイクして外を歩くわけにはいかないし、照明に当たって歩く人もふつうはいません。そこが現実とは違います。

　そして、同じ戯曲を上演しても、時代や芸術思潮、ジャンル、演出家の世界観によって、全く違う舞台作品が生まれます。たとえば、チェーホフの『かもめ』にしても、20世紀初めごろの風物や衣装、家具調度を揃えて、時代考証を苦心するリアリズムの芝居もたくさんあります。日本でもそういう上演が多かったのですが、最近は、舞台をかなりデフォルメするようになりました。

　たとえば、ここは部屋であることをどうやって表現しますか。部屋であることを示したいとき、いったい何が必要でしょうか。

B：ドアですか。

村田：ドアでもいいですが、ドアだと部屋じゃなくて、もしかしたら倉庫かもしれませんね。実は、窓1枚あればそれでじゅうぶんです。窓でここが部屋だとわかります。

　では、ここが王様のいる宮殿だったらどうですか。宮殿には何が必要ですか。金ぴかのものは要らないですね。

C：シャンデリア。

村田：でも、シャンデリアはパーティー会場にもありますね。何があれば、ここは王様がいるとわかるでしょう。

D：玉座でしょうか。

そう。玉座だけあれば、衛兵も側近も要らない。

大道具もできるかぎり簡単にして、小道具もあまり使わないデフォルメの手法は、とくに 20 世紀初めごろ、はやりました。そうすると、俳優の演技や道具の意味がかなり重要になってきます。それに比例して、演出の役割もそうです。

演劇にはメディアとしての役割がありました。19 世紀末になってもテレビもラジオもなかったし、映画がやっとお目見えしたくらいです。それまでは、世の中の出来事を知る手段は、新聞と雑誌、それに芝居だったわけです。ロシアもヨーロッパの国でも、ニュースとしての芝居の役割が強かったのです。あるいは、政治風刺、評論、政治的プロパガンダとしても芝居が使われました。

次の問題です。私が研究対象としているロシア・ソ連には、凄まじい検閲の歴史がありました。検閲は、帝政ロシアの時代からペレストロイカくらいまで続きました。演劇の検閲は、政府の検閲官が戯曲や芝居の形式や内容を詳しく調べます。政治的・イデオロギー的にみて反体制的なせりふが入っていないかとか、皇帝を侮辱していないかとか、あるいは、ソ連時代だったら、宗教性が強いのではないかとか、いくつかの基準で芸術作品を細かくチェックしたのです。検閲官は、リハーサルからけちをつけて、まずいところを取り消せと言ってくるため、完成されたものが骨抜きになることもしばしばありました。作品に社会風刺を込めようとした演出家は、それでも屈せずに仕事を続けていったのですが、多くの人は弾圧され、シベリア送りになったり、処刑されたりしました。犠牲者は、相当数にのぼります。作家や芸術家だけでなく、「人民の敵」とされた人たち数千万人が粛清されたそうです。その中には演劇人もたくさんいました。つまり、演劇人とか文学者というのは、社会的な力がきわめて強かったために弾圧されたわけです。たいしたことはない人だと思ったら、当局は放っておけばいいわけですが、文学や演劇は、メディアの役割を果たしたり、人間の精神構造をすっかり変えるとまでは言いませんが、考え方にかなり大きな影響を与える働きをもっているのが文学や演劇の特徴です。そうすると、当局としては、その存在が驚異であるわけです。それで、粛清の歴史が長く続きました。これは、ソ連では 1930 年代から約 50 年以上続き、現在は、検閲はないことになっています。

悲劇を観た観客が本気で泣くことがよくあります。その後、心が浄化されて、観客はカタルシスを得ると、ギリシャのアリストテレスが言っています。これは演劇の特徴のひとつで、書かれた作品を舞台で見ると、読書よりはるかにインパクトが強いため、大きなカタルシスが得られるという見方です。

最後に、これは、演劇で一番大切ですが、舞台は、現実の再現ではなく、夢幻的世界を創出します。いったいどう工夫すれば面白い舞台を作れるかということに演劇人は心を砕きます。ロシアやヨーロッパの俳優たちは、朝8時から夜8時くらいまで毎日練習します。ほとんど劇場の中に住んで稽古しなくては、人を楽しませる舞台作りはできないという意識があります。演劇大学はロシアにもヨーロッパにもありますが、入学者を50人くらいしか採らないのに、応募者は2,000人はいます。そして、卒業できるのが5人くらいで、練習が厳しいから、多くの学生は辞めます。残った5人のうち、俳優になれるのは多くて1人だそうです。毎年50人に1人ぐらいの割合で舞台に立てるのですが、そのくらい練習していますから、やはり実力はあります。やるべき人が芝居をやっています。私も初めて彼らを見た時は、俳優はこんなこともできるのかと驚きました。アクロバットだけではなく、目だけで演技するとか、観客ひとりひとりが自分はじっと見つめられていると感じるようなことまでできるわけです。

　これが身体性から捉えた演劇の大まかな特徴です。他にもあると思いますが、後でまたみなさんに聞いてみましょう。

3.　サッカーの身体性

　サッカーは勝敗が重要です。そのかぎりにおいては、虚構ではないのです。フィクションではなく、演劇の言葉を借りれば、リアリズムですね。作戦のとおり試合を運んで、とにかく、得点を入れなくては始まらないスポーツです。

　ただし、結果がすべてではなく、試合内容がつまらないと観戦していても面白くないときもあります。たとえば、味方が勝って相手が負けたとしても、敵のほうがうまいプレーをすると、人はそこを評価するのではないでしょうか。結果だけではないというのは、私もサッカーをやってみて実感しました。敵のチームがたとえ負けても、すぐれたプレーヤーを尊敬したものです。

　当時はソ連で今はウクライナに属する黒海沿岸のオデッサ市から少年チームが来ました。対戦して感じたのは、まず、足の速さが違うことでした。当たりはそれほど変わらないのですが、基礎体力が全然違うなと感じたものです。転んでもすぐ起き上がって攻めてくるし、ボールに対する執着心が強くて、スポーツ選手はこうでなくてはいけないなと思いました。

　その時、オデッサチームの監督さんに、「どうすれば、こんなに強くなれるんでしょう」と率直に聞いたものです。まず言われたのは、四六時中サッカーのこ

とばかり考えるようにということでした。そして、自分に合う練習方法を編み出せばよいとアドバイスしてくれました。

このほか、駅の地下街など人通りのとくに多い所をうまく活用するやり方もあります。向こうから歩いて来る人をぶつかる手前でさっとよけるのです。日常生活にこうしたトレーニングを取り入れるようにと言われてやってみたものの、長くは続きませんでした。日常生活でそこまでしなくては強くなれないのかと思ったものです。

それから、同じ監督さんに指摘されたのが食べ物です。日本で食べているものは不思議だと言うのです。日本の店にはきれいなリンゴが並んでいますが、彼の地だとリンゴは小さくて、割ってみると虫が入っていたりするのと。つまり、農薬を使わない、自然に栽培されたものを食べていることになります。

日本の八百屋で買ったリンゴを齧ったら、あまり味がなかったと言われました。「薬を使っているのでしょうね」ときかれて、「農薬は使っているでしょう」と答えたら、「それが駄目。自然な食品を食べなくちゃ」と。

そのほか、スポーツが上手になりたかったら、クロスカントリーをひたすらやるのがよいと奨められました。北国の冬は雪が積もっていますから、グラウンドが使えないかわり、クロスカントリーはスキーでもできる。それで足腰を鍛えて、1日10キロも滑るわけです。サッカーの選手もそのくらいはやっていると聞いて驚きました。

選手の養成法の違いについても知りました。中学生くらいから強くなれそうな人を選抜して、サッカークラブに入れていきます。また、「ウミツバメ」と呼ばれる少年たちのスポーツクラブがあるのですけど、その中から芽が出てくると、プロ級の選手にしていく方法をとっていました。

さて、サッカーは、他の競技スポーツと同じように、昔から戦いや果し合い、決闘の代償行為としてやってきました。サッカーの歴史はそれほど古くないのですが、起源はここにあります。国や地域の代表として試合に出て、その国や地域の威信を懸けて戦うことは、ある種の戦争です。でも、ほんとうに人を殺すわけではないのだから、その点では演劇と同じでしょう。演劇でも人は「死にます」。あるいは、愛憎劇が繰り広げられます。ほんとうに日常にあったら困るようなことがよく起きます。だから、サッカーもその意味では、人を殺さないフィクションではないでしょうか。おそらく。頭の中では相手をたぶんやっつけているはずです。

それから、合気道などは、相手の動きを制す武道です。しかし、相手を殺すと

思ってやらないとたぶん技が効かないと思います。相手にとどめを刺してはいけないのですが、そのくらいの気迫で取り組むのです。でも、実際に人を殺してはいけない。演劇も同じですね。これは、両者の共通点に入れてもよいでしょう。

　次に、サッカーはルールを知っていれば誰でも参加できます。ルールは難しくありません。とりあえず、オフサイドだけ知っていればできます。あとは、ラグビーとは違いますから、ボールを持って走るわけにはいかない。プレーヤーの足を意図的に蹴ってはいけないのは当たり前ですが、実は、格闘技のようなサッカーもあります。

　サッカーは勝つためという目的があって、そのために具体的な戦略と目標を立てていきます。これは、楽しいところですね。感情とか闘志、つまり、試合で絶対勝つ、必ず相手を倒すという強い気持ちを冷静な判断力に昇華するのです。これは、どのスポーツにもあてはまります。

　次は、言語は表現手段とはならないという点です。しゃべっていても試合には勝てません。ただし、アピールしたり、トリックを使ったりといった駆け引きの手段には、言語も使えます。あるいは、言語による感情表現の強烈な選手もいます。

　また、試合に臨むにあたって、作戦は不可欠です。相手や展開する状況に合わせて作戦を常に立て直していかないと勝てないでしょう。みなさんも経験があると思いますが、必ずマークされるプレーヤーがいます。上手なプレーヤーがいると、2、3人がかりでその人をマークしてつぶしてしまうこともあります。マークを外すのは簡単ではありません。

　トリックや駆け引きも技です。敵をだます技術に使う。これがまったくない状態で戦っても勝てないでしょう。体力だけでは勝負できません。

　ところで、面白いことに、実況中継とか解説をするとき、どの国でも解説者は興奮して熱くなるようです。アイスホッケーのロシア語のコメントを聞いたのですが、コメンテータは次第に早口になっていっても、細かい内容まですべて伝えているのです。一つの特技だなと思いました。言語の介入は当然あります。観戦者はサッカーの解説を聞いてより多く楽しむことできるし、出てくるプレーヤーの練習方法とか、ときには体調も知ることができます。

　後でふれますが、実は、選手の体調とか感情には、観ている方はあまり関心がないものです。プレーヤーの調子が悪いとか、悪くないとか、そこまでは見ない。演劇もそうです。そこに集中していたら、芝居は楽しめないでしょう。

　それから、敵・味方にかかわらず優れたプレーヤーが評価されるのは、観ている人には、おそらく、自分もそうなってみたいという隠れた願望があるためでし

ょう。

　演劇のようなサッカーはあります。これも後で考えてみたいのですが、フィクションとか、シナリオがあるようでないような、ないようであるような、そういうユニークなサッカーは存在するのではないでしょうか。

　お祭りや儀式としてのサッカーもあります。イタリアに、「古式サッカー」(Calcio storico) と呼ばれるものがあって、毎年6月にフィレンツェで催されます。私も観たことがありますが、これは迫力がありました。殴り合いやレスリングのようにつぶし合いばかりで、ボールがどこにあるかよく見えませんでした。ほんとうにこれがサッカーなのかと目を疑いました。フルコンタクトなのです。1対1で戦って、相手をつぶして先へ進むという仕組みなのです。必ず1対1でぶつかり、1対3などは反則です。後ろから殴るような不意打ちも禁止で、これをやったら即刻退場になります。相手のゴールに色のついたボールを入れて、得点します。試合時間は50分ですが、これだけの時間フルコンタクトに耐えられるのは、レスラー並みの屈強な選手だけです。

　町の地区を代表する4チームがあり、勝ったチームが牛を一頭もらえます。フィレンツェには、ビステッカ・アッラ・フィオレンティーナ（フィレンツェ風ビフテキ）という、いつのまにか1人で1キロも食べられるような美味しい料理があります。

4.　両者の身体性の接点

　さて、今回の講義のメインテーマは、両者の共通点です。これを探っていくと、サッカーを演劇の視点から観たり、演劇をサッカーの視点で捉えたりすることも可能になるでしょう。ここでは、演劇の視点を取り入れてサッカーを観ることを目標にしたいと思います。

　まず、両方とも人間が作った面白い営みですが、これは、人間の本能によっているところがあります。どちらも遊びからきているし、お祭りとか、ハレの日を楽しみたいという願望が基になって成立しています。演劇もサッカーも、自分がこうあってほしいとかこうなりたいというものを目の前で見せます。可視化して造形化するような三次元のゲームだと言えます。この点では、サッカーも演劇もかなり近いと思います。

　それから、両者には、昔から競技とかコンクールがありました。演劇も実は競技だったのです。古代ギリシャでは、コンクールで勝つことによってメセナが付

きました。スポンサーから、ギリシャのあちこちで上演できるような予算がもらえたのです。だから、サッカーのように必死で芝居をやっていたわけです。

古代ギリシャでは、10時間の内容の芝居は10時間かけて屋外で上演していました。長さが2日に及ぶ場合は、2日間続けて上演したこともあったといいます。今はそのような芝居はほとんどありませんが、復活させたら、新しい演劇性が芽生えるかもしれません。

それから、ギリシャやローマの競技場兼劇場は音響効果をよく考えて作られており、プレーヤーが真ん中でしゃべると、声がうまく走るようになっていて、5千人観客が入っても全員に聞こえるような構造だったのです。そこで格闘技もあったし、芝居もやりました。だから、このような空間の使い方は、スポーツも演劇もかなり近いものがありますね。

さて、次が非常に重要なポイントです。「身体の現前化」というのは少しむずかしい言葉ですが、俳優もサッカーのプレーヤーも、人前で生身の体を使う動作を基本に試合を展開したり、芝居を進めたりしますが、目の前で観客は生身の人間を見ます。本でもないし、映画でもないし、手が届く所で見ているのですが、ただ、ほんとうに手が届くと「契約」が崩れます。どちらも、約束事という制約で成立する営みです。

これも有名なエピソードですが、その昔、アメリカに演技の上手な俳優がいました。その俳優が悪役を演じていたとき、ある観客が興奮して、本物のピストルを出して俳優を撃ってしまったのです。つまり、2人とも芝居に命をかけたということになるでしょう。迫真の演技をした俳優とそこまで気持ちを高揚させた観客は、演劇を真に愛していたと評価されて、記念碑が建立されたそうです。

そして、日常とは異なる動作をすることが当たり前です。サッカーの動きはサッカー場で見せるもので、日常生活の動きとはかけ離れています。

舞台動作も、日常動作に似ているようで異なります。動きをかなり強調したり、象徴化したりして、「この意味で動いている」あるいは「動いていない」という意図を正確に伝える演技をするのです。あいまいな動きをすると観客にはその動きの意味がわからないので、それを排除していくだけでなく、より積極的な意味で、普段しない動作を見せます。だからこそトレーニングが必要なのです。

その次は、知覚と動作が織り交ざっているという点です。運動と知能が働くわけですから、当然と言えば当然でしょう。したがって、意図と動作は断ち切れないのです。考えていることを動作として100パーセント表わすことが理想ですが、それは芝居ではなかなかうまくいきません。それから、サッカーでも、ボールが

思った所へ行かないとか、敵に進路を阻まれることはよくあります。意図したとおりにならなくても、それが美しい動作として表れれば、観ている側は満足するでしょう。

　また、プレーヤーは自らを取り囲む状況の展開パターンを作っていきますが、いつの間にか自分も作られてしまうのです。作られた状況は、刻一刻と変化し、展開のパターンとかスペースがどんどん変わっていきます。それがまた興味深いのです。

　そして、ある動作をすると、その人が動いたことで新たな空間ができます。パスすると、パスする相手と自分との間に空間が生まれます。その空間は観客が見るわけですが、芝居でも同じことで、俳優が数メートル先にいる俳優に役者に話しかけると、それだけで空間が生まれるし、観客席も空間にできるのです。逆に、空間のほうから動作を呼び出すことも可能です。この連鎖で試合とか芝居が進行していく仕組みです。ということは、身体の存在と機能が非常に大切であり、競技場とか舞台、劇場に生きた意味を与えているのではないでしょうか。ここまでくると、哲学のテーマになっていくので、この先の議論は別の機会に譲りますが、よく考えてみる必要のある問題です。

　次は、チームプレーや組織力、アンサンブルが不可欠という点を強調しておきます。これは、サッカーでは、1人でドリブルしてシュートしても、相手チームに動きを読まれると、行く手を封じられるでしょう。だから、組織力が必要です。キャプテンが展開を主導したり、ゴールキーパーが指示を出したりします。芝居なら、ベテラン俳優が演技中に指示を出します。目配せをすることもありますが、これも含めて芝居です。

　演劇の中心はアンサンブルだという見方もありますが、いずれにしても、せりふを言わないときの俳優の所作が重要です。サッカーでは、自分がボールを持っていない時こそ、大事ですね。素人のサッカーでは、みんながボールを持ちたいから固まってしまうのです。上手なサッカーかどうかは、ボールを持ってない人がどのスペースをどう動くかで決まります。演劇もそうです。しゃべっていない人が観客の注意をしっかり引きつけておかなくてはなりません。車を運転するとき、運転時間の半分以上は後続車の様子を見ていますが、この状態にサッカーとか演劇は近いと思います。

　虚構性の存在は演劇では言うまでもありませんが、サッカーにも虚構性はあります。スポーツが戦いの代償行為だとすると、相手を叩きつぶす代わりにボールをゴールに入れて得点することは、フィクションでしょう。

また、どちらにも、上手にまねたり、見せたりする仕組みが存在します。演劇に関していえば、スタニスラフスキー・システムという言葉を聞いたことがあるでしょうか。スタニスラフスキー（1863─1938）は俳優で演出家だったのですが、リアリズム（写実主義）演劇をロシアで初めて体系的に構築し、演技とか演出の方法を考え出した人です。まず、俳優がうまく感情を表わすひとつの方法は、役になりきって、その内面から感情を「追体験」するのですが、難しいと思います。みなさんが悲しくて涙が出てくるのをどうやって演技したらいいですか。いろいろな方法があると思います。どうそれば、「上手に」泣けるでしょう。「追体験」という言葉自体がヒントになっていますが、簡単に言うと、俳優はどうすれば涙が出てくるかということです。

E：悲しい経験を思い出す。

　そうです。これがスタニスラフスキーの追体験の技法です。悲しかった時のことを思い出します。できるだけ強く思い出そうとすると、涙が出てきます。つまり、実体験を引き出して、脳で泣くわけです。これは、実体験を引き出す方法です。
　アメリカで開発された演技法に、メソッド演技があります。リー・ストラスバーグとか、作家アントン・チェーホフの甥のミハイル・チェーホフ（1891─1955）らが考案しました。このチェーホフがアメリカへ渡って、スタニスラフスキー・システムを参考に、40年代に開発した演技法がメソッド演技です。マーロン・ブランド、マリリン・モンロー、ジャック・ニコルソン、メリル・ストリープとか、アル・パチーノ、ロバート・デ・ニーロ、ミラ・ジョヴォーヴィチなどは、役作りをするにあたり、このメソッド演技の洗礼を受けています。
　個人的な体験の中から、あの時はとてもつらくてやりきれなかったとか、あの時ほどひどく怒ったことはないというような具体的な場面を思い起こして演技するのですが、実は、このメソッドを批判する演劇人もいます。これを素人や若い人が実践すると危ない場合があって、葬り去ったはずのトラウマを意識的に引っ張り出して、日常生活でもそのままずっと役柄の生活を続けてしまう恐れがあるからです。
　サッカーの場合はどうでしょうか。たとえば、すばらしい試合展開やみごとなシュートを目撃したとします。すると、そのときのパスやアシスト、シュートなどの具体的イメージを持ちます。自分もあのように動きたいとか、あの選手のようにしたらシュートがきまるのかなどと想像をたくましくしますね。しかし、ト

レーニングがともなわないと、イメージだけで体が動きません。あと1歩でボールに届かないという経験はよくあります。そういうときは、気持ちだけが先へいってしまうのです。

　観客の関心の対象は、プレーヤーの真の感情や現実の身体状況ではなく、演じられる役の感情や身体性、あるいは、ゼッケンを付けた選手としての身体性です。すでに述べたように、目の前で動く人はその人本人ではありません。役者は、自分の実生活を演じるわけではないのですが、観ているうちにその人物がそこにほんとうにいて、実生活に現われるような錯覚が起きるのです。やはり、舞台の中や競技場の中だけのリアルな離れ業を観る方が、リアルな日常の動きを見るよりはるかに楽しいのではないかと思います。

　俳優の演技は、人に見られることへの強い意識が前提で成立します。スポーツでも、人が見ていることを意識してプレーする場合はよくあります。古い話ですが、元読売巨人軍の長嶋茂雄氏は、三振するときでもバットを振った勢いで帽子がくるくるっと回るような振り方をしたり、アウトになってもスライディングがうまかったりしました。常に見せ場を作れるスポーツマンでしたが、スポーツ選手はそういう技を持っていてよいのではないでしょうか。上手な人が魅せるのが、演劇やスポーツの醍醐味でしょう。

　次は、出来事の偶発性についてです。サッカーの試合が思わぬ方へ展開する場合がしばしばあるように、芝居でも流れが変わることが頻繁にあります。観客の反応によって、俳優たちが瞬間に打ち合わせて動きを変えることは、ふつうにやっているのです。そこに物語を付与すれば全体の枠も変わります。サッカーには、自然発生的なストーリーがあります。ボールの動きは、最初からはわかりません。俳優も、毎日、同じ舞台の上を歩くわけではなく、微妙に向きを変えたり、アドリブを入れたりします。

　それから、作った物語には、芝居を観る人もサッカーを観る人も没入します。そうすると、自分が俳優やサッカー選手になったような「錯覚」に陥るのではないでしょうか。イメージの中で、自分がふだんできないことが「できてしまう」わけです。異次元体験ができることが、両者の面白さのひとつでしょう。これを人間の本能とみなすこともできます。

　100メートルを9秒ちょっとで走る選手を目の前で見ただけでもそういう体験ができるかもしれないし、宇宙飛行士を見てもいいのですが、似たような感覚に捉えられるでしょう。芝居でもそれはよくあります。

　サッカーにスターはいます。演劇の世界にもスターがいます。それから、ひい

きのチームがあり、とくに好きな劇団がありますが、それも演劇とサッカーの共通点だと思います。

　俳優やスポーツ選手が現実生活における人間と同じではないかという錯覚に陥ることがよくあります。私もいろいろな俳優と会いますが、みなさんが思い描いている有名な俳優がいるとして、彼らは日常生活ではまったくと言ってもよいほど別人です。たくさんしゃべる役の多い人は、ふだんはむしろ何にもしゃべらないと言ってもいいくらいです。大きな声で大きな演技をするような役者でも、実生活ではそうではないのです。声も小さいし、つぶやくようにしかしゃべらない人もよくいます。つまり、舞台の上では、俳優は役のイメージを作っているのです。役柄を作るのがプロの仕事です。上手にできるからスターにもなるわけですが、実生活ではそんなに楽しい人ではないのかもしれません。しかし、それはどうでもよいことで、芝居が面白いかどうかがすべてなのです。サッカーもそうでしょう。

　これも当たり前ですが、両者ともルールが存在します。グラウンドや劇場という枠があって、制限時間もある。とりわけ古典演劇では、約束事が大事です。

　また、同じ劇団のメンバーや同じサッカーチームであっても、毎回の上演や試合の内容はすべて異なるため、それには一生に1度しか出逢うことはできません。だからこそ、試合とか芝居は尊いのだと思います。絶対に見逃したくない気持ちがあるから、私たちは試合を見ます。寝不足で明日は試験でも、それでもどうしても見ようと思うのは、1回しか見ることが叶わないからです。サッカーも芝居もそうですが、毎回の出来ははっきり違います。

　つい先日、観世流能楽師の河村晴久氏に本学で講演と実演をしていただいたのですが、能はすべてにおいて型が決まっています。手や頭の動かし方にもすべて型があるのですが、動きは毎回わずかでも変えるので、「型を破る」ことによって、その流派の主張が深化し、芸術思潮を変えていくという興味深い話を聞きました。だから、能とか歌舞伎の世界は、稽古が厳しいのです。世襲制、あるいは徒弟制といってもよいかもしれません。教えてくれと言っても師匠は弟子に何も教えず、「まねしろ。盗め」としか言わないことが多いのです。

　みなさんもこれから卒論や長い文章を書いたりするでしょうが、かつては、良い書き方を盗めと言われ、指導教官は書き方すら教えてくれませんでした。これは、スポーツや演劇の世界ではまだ続いているようです。すべてが自己責任という考え方ですね。

　俳優や選手には、集中力、調整力、持久力、瞬発力が必要です。そして、それ

は訓練しないかぎり身につきません。イタリアの伝統喜劇コンメディア・デッラルテは、15世紀くらいから続いていますが、ここに見られるアクロバットはかなり激しい動きです。『二人の主人を一度に持つと』（ゴルドーニ作）という芝居に、おなかを空かした召し使いのアルレッキーノ（道化）が出てくるのですが、その道化が、二人の貴族に同時に仕えて、自分が腹いっぱい食べられる状況を作り出します。彼はたくさん食べることしか能がないようにも見えますが、実は、恋人をうまく引き合わせるという具合に、不思議な魔力も発揮します。アルレッキーノが身体性の原理を活用するのです。

　次は、ビオメハニカと呼ばれる俳優のトレーニング法です。帝政ロシアからソ連時代初期にかけて、アヴァンギャルドという、リアリズム芸術に反旗を翻す前衛芸術の時代がありました。1912年から1920年代ぐらいまでです。メイエルホリド（1874—1940）という演出家が、このビオメハニカというトレーニングを考案したのです。

　イメージトレーニングやリラックス、アンサンブルはサッカーでも演技にも不可欠です。リラックスするのはなかなか難しいのですが、リラックス抜きでは集中できないのです。これは、演劇でもサッカーでも同じで、みごとなシュートをきめようと思ったら、まず脱力しないと無理です。これは、演劇でも同じ方法をとります。

　自分を外から見る能力もきわめて重要です。自分が今どう動いているか、どういうボールをどのように蹴ろうとしているかなど、自分をモニターすることは、舞台俳優もやっています。上手な俳優ほどこれがうまくて、演じる自分が脇に分身として現われるといいます。能楽師もそうしていますが、仮面をかけると、舞台も客席もほとんど見えません。目の所は針穴くらいの切れ目しかないため、演技する自分が脇に見えてくるそうです。

　サッカーや演劇がさらに進化するためには、様式とか伝統を受け継ぎながら発展させていくことが必要でしょう。型があったらその型を少しずつ継承していくのですが、基本は崩さなくても、ずらしを入れていけば斬新な型ができると思います。

　それから、表現としての文化と競技スポーツの接点をもう一度見てみましょう。競技スポーツはサッカーだけではないし、表現としての文化は演劇だけではないのですが、きょういろいろ考えてみたことから指摘したいのは、訓練の重要性です。観客のために表現を工夫して見せるのです。そして、内容も形式も優れているものは、観客に必ず高く評価されます。

次に、演劇でしか表現できないものやサッカーでしか勝負できない何かがあります。それぞれのジャンル性にしっかり注目すれば、本当の面白さがわかります。バスケットボールではこれはできないだろうとか、ハンドボールとサッカーではここが違うというポイントがあると思います。ダンスとサーカスと演劇はすべて異なりますから、そのジャンルでしかできない何かが重要です。こうしたことの中心にあるのが身体性なのです。

　練習とか稽古には終わりがなく、プレーヤーたる者、絶えずレベルアップを図らなくてはならないため、きちんと整ったシステムが必要です。

　日本の現代演劇の場合、本格的な俳優養成システムがきちんと整備されていません。たとえば、ロシアやイタリアで芝居を観ると、俳優のレベルが相当高いのです。なぜ日本とこれほど差が出るのかというと、日本には国がしっかり予算を出す４年生の演劇大学がないことに気づきます。俳優をシステマティックに養成しなくては、演劇の水準はけっして上がりません。あわせて、観客のレベルアップも必要です。そのためには、解説者やサッカー、あるいは演劇の経験者が、わからない人にしっかり道筋をつけてあげたり、若い人を育てたりすることがたいせつです。

　ところで、サッカーはボールを使いますが、演劇はボール使わない。しかし、「キャッチボール」や「パス」はしています。想像の中で、俳優と観客、あるいは俳優同士が、訓練でも本番でも絶えず実践しています。

　今回は、具体的な練習方法はあまり紹介しなかったのですが、少しつけ加えると、とくに海外の舞台俳優はフェンシングの練習をよくやります。瞬発力や調整力を身につけるためです。それから、ここでもとりあげた、ビオメハニカを練習に採り入れています。そのほか、円になって、フライングディスクを飛ばすように、言葉を飛ばし合う練習も一般的です。何も見えないのですが、「受けた」人は次の誰かへ向けてまた飛ばすのです。だれかが「山」と言ったら、次の人は「海」、「犬」と言ったら「猫」と答えたり、誰かが右手を上げたら正面の人は左手上げたりするといった、言葉と身体のコンビネーションを研ぎ澄まし、反射神経を鍛える練習も日常的です。これがうまくできると、俳優同士のアンサンブルが生まれます。苦しいのが、あおむけになってせりふを言う練習です。あおむけになると、なかなか声が届かないものです。その姿勢でしっかりした声が出るようになったら完璧でしょう。

　サッカーや芝居を観た人は、内面に変化が生じます。競技場や劇場から出た後、自分の何か変わっています。それは、うれしさや喜びに基づく何かではないでし

ょうか。生きていてよかったと感じるのが、競技場であり、劇場であるし、そうでなくてはならないと思います。

　この講義では、身体性を基軸に演劇とサッカーの本質的要素を比較対照してみました。このような関係性を考えながら、とくに身体と知に関する今後の勉強のよすがとしてください。

【主要参考文献】

ジャック・ルコック，大橋也寸訳（2003）『詩を生む身体　ある演劇創造教育』而立書房.

ウイリアム・ギャスキル，喜志哲雄訳（2013）『俳優を動かす言葉―戯曲の読み方がわかる20のレッスン』白水社.

Мейерхольдовский сборник (1992). Выпуск первый. Т.1., Т.2. / Отв.редактор-составитель А.А.Шерель. – М.:Творческий центр имени Вс.Мейерхольда.

Чехов М.А (2001). Воспоминания. Письма / Сост.З.Удальцова. – М.: Локид-Пресс.

バイオメカニクス研究者からみる
サッカーコンテンツ

浅井　武

筑波大学教授　スポーツ科学

1. はじめに：サッカーとバイオメカニクス

　バイオメカニクスというのは、「生物」という意味をもつバイオ（bio）と、「はたらき・仕組み」を意味するメカニズム（mechanism）を組み合わせた言葉です。バイオメカニクスは、生物の動きや、行動・動きの仕組みを中心に研究する分野です。本日の講義では、スポーツメーカーと共同研究・開発を進めている、スポーツで使用するボールや、サッカーで中心となる動きであるキックについて、バイオメカニクスの視点から紹介していきます。

2. スポーツで使用されるボールの特徴

2.1 様々なボールの特徴を捉える

　スポーツでもちいられるボールについて、特徴を紹介します（図1）。まずは、野球のボールです。野球のボールは、2つの革を縫い合わせて作られています。投球の際には、縫い目に対する指の掛け方により変化球を投げます。野球は、日本で最も根強い人気のあるスポーツですので、日本人にとってなじみの深いボールだと思います。次は、バレーボールです。以前のバレーボールは、18枚の長四角の革を貼りつけて作られていました。今のオリンピックやW杯で使用されているボールは、パネルを歪めて貼り付けたような構造に変化しています。現在では、オリンピックでも日本のメーカーのボールが採用されています。硬式テニスボールはサイズが小さく、縫うというよりも、ひとつなぎに作られています。硬式テニスボールには、多くの種類が存在します。ゲームの中では、フェルトの部分がボールのスピードにブレーキをかける役割をしています。しかし、プロの

An Official (National League)
Baseball. Diameter = 7.23 cm. Mass =
0.156 kg, Typical Re = 1.5 ×10⁵.

(a)　野球

A Modern Day Volleyball. Diameter
= 21 cm, Mass = 0.27 kg, Typical Re =
2.8 ×10⁵.

(b)　バレーボール

Wimbledon Tennis Ball. Diameter =
6.7 cm, Mass = 0.058 kg, Typical Re
= 2.2 ×10⁵.

(c)　硬式テニス

A Modern Day Golf Ball. Diameter =
4.23 cm, Mass = 0.046 kg, Typical Re
= 2 ×10⁵.

(d)　ゴルフボール

Modern Hand Ball. Diameter = 19.0
cm, Mass = 0.43 kg,

(e)　ハンドボール

A 4-piece (Red) Cricket Ball. Diameter = 7.19
cm, Mass = 0.15 kg, Typical Re = 1
×10⁵.

(f)　クリケット

Modern Rugby Ball. ~29cm × ~19cm (D) ,
Mass = 0.44 kg,

(g)　ラグビー

Modern Day Soccer Ball. Diameter =
22.0 cm, Mass = 0.43 kg,
Typical Re = 3.9 ×10⁵.

(h)　サッカー

図1　スポーツで用いられるボールの例

選手がプレーする場合には、相当な速度になります。テニスの世界では、トップ選手の試合であまりにもラリーが続かないことから、ボールのサイズを大きくしたり、フェルトを厚くしたりして、スピードを遅くする工夫がなされています。これは、多くの人たちがテニスを楽しめるような工夫でもあります。ゴルフボールは、非常にサイズが小さく、表面のクレーター様な加工をディンプルといいます。ディンプルの形状や大きさは、空気の流れに僅かな差を生じさせます。万人にとって相性の良いディンプルのボールはありませんが、各メーカーが特許を取得しています。メーカーは、その僅かな差を、大々的に売り出しています。ゴルファーは、相性の良いディンプルのボールを選定・購入しているようです。ハンドボールは、ヨーロッパで盛んなスポーツですが、日本では競技人口が少ないため、ボールの開発も後手に回っています。他種目のボールで開発された機能を応用して作られることが多いボールです。クリケットのボールは、馴染みの無いボールだと思います。クリケットは、野球の元となったスポーツで、イギリス、インド、オーストラリアなどで盛んにおこなわれています。長くなると試合が終わるまでに1週間近くかかるという、投球と打球の要素を持つスポーツです。クリケットのボールは手作業で作られており、一番高価なボールは職人によって、手縫いで作られます。クリケットボールの特徴は、縫い目が球体の中心部（赤道）にのみある点でしょう。プレーの際には、縫い目の位置を左右に変えて投げることで、同じ投球フォームでもボールに変化を与えられるという面白い利点があります。ラグビーボールは、ご存知の通り楕円の形をしています。国内でも開発はされていますが、外国製品が主流です。

2.2 サッカーボールの特徴

　最後に本日のテーマでもあるサッカーボールを紹介します。サッカーボールというと、白黒の六角形と五角形を 32 枚貼り合わせたものを想像する人が多いと思います。ですが現在では、トップレベルの試合では使われることはほとんどありません。図 1-h は、最新のボールで、2018 年 6 月のロシア W 杯で使用された公式ボールであるテルスター 18 です。デザインも井桁を組み合わせた 6 枚のパネルで構成されていますが、デザイン重視で製作されたようにみえます。その他にもスポーツでは、様々なボールがもちいられています。それぞれに特徴があり、サイズも異なっています。ボールの生み出す軌道は、種目の特徴、プレーやスピードによって、ボール周辺の空気の流れが変化することにより差異が生じていきます。

3. ボールにかかる空気抵抗

3.1 サッカーボール周囲の空気の流れ

　ボールの空力的な特徴、いわゆる空気抵抗について簡単に説明していきます(図2)。たとえばサッカーのキックなどでボールが飛び、風が当たると、空気は、ボールのすぐ周りを回って流れていきます。その場合、ボールのはるか上、下では、空気の影響がほとんど何もなく、ボールの周りだけに大きな影響が生じます。

　非常に速度がゆっくりで、摩擦等が全くない理想的なボールがあると仮定し

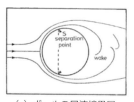

（a）ボールの層流境界層

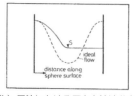

（b）層流における圧力と流速分布

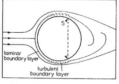

（c）ボールの乱流境界層

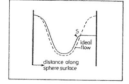

（d）乱流における圧力と流速分布

図 2　ボールの層流・乱流境界層における剥離点（Mehta & Wood, 1980）

ます。ボールがとてもゆっくりと流体、ここでは空気の中を進むあるいは動く際に、どのような現象が起きるかを紹介します。流体は、ボールの周りを回って、一方から来て、反対側へ戻る、つまり空気がボール周りを流れていきます（図2-a）。そうすると、図2-bで圧力を示している点線のように、流れの中心部と反対側の圧力が高く、上下の側方の圧力が低くなります。流れの進行方向における前後の圧力が同じになると、ボールに加わる全体の力は、プラスマイナス0、つまり抵抗（抗力）が0になってしまいます。これはダランベールのパラドックスと呼ばれています。

　しかし、このような状態は、実際の現象ではあり得ません。ボールが動けば必ず分岐した流れが生じ、全ての空気がボールに接触したまま流れるということはなく、必ずボールから剥がれていきます。このポイントを、剥離点、あるいはセパレーションポイントといいます。剥離点で一度空気の「剥がれる」と、後方部分では遅れた空気の巻き込みが生じ、渦領域（wake）が生じます。渦領域では、渦の発生した部分の空気の流れが遅くなり、圧力が低くなります。ボールの一方の圧力が高く、もう一方の圧力が低い場合、その圧力差が生じ、抵抗となるわけです。ボールが一方向へ進むことで、空気は、反対方向側に流れていきます。空気の流れ、すなわち流体の流れにより、ボール後流に渦ができ、渦がボールを後方へ引っ張ろうとするこの現象が、ボールへかかる空気抵抗の基本になります。

　ボール周囲の空気の流れは、ボール表面の近くの流れ、および遠くの流れ、すなわち主流と同じ速度の流れの2つに大別されます。ボールの表面には、完全に流体の原子・分子がへばり付いているため、その部分の流体は動きません。それ以外の部分が、急激な速度変化を起こすことになります。急激な速度変化を起こすボール表面の層のことを、境界層といいます。通常、境界層は、速度に依存しています。遅く動けば境界層は厚く、速く動けば境界層は薄くなります。ボールが速く動く場合、境界層は非常に薄くなるため、急激な速度変化、つまりゼロから主流の速度にまでの変化が生じます。ボールの軌道変化では、境界層が非常に重要で、境界層の空気の状況によりボールの空気抵抗が大きく変わっていきます。

　ボール表面近傍の流れの境界層は、層流と乱流の2種類に分類できます。5m/sec.程度のある程度遅い流れ、ゴールキーパーが数メートル先の自チーム選手にヒュッと投げる程度の場合を思い浮かべてみましょう。この場合、境界層は層流になっています。層流は、比較的きれいな流れといえます。一方、シュートを打つ場合、ロベルト・カルロス選手（元ブラジル代表）クラスであれば、35m/sec.の速度が出ますが、一般的の20-25 m/sec.程度のボール速度で飛ぶ場合、

境界層は大変薄くなり、かつ空気の流れが乱れている乱流境界層の状態になります。この層流、乱流は、みなさんにはなかなかイメージがつきにくいと思います。

　簡単に説明すると、例えば水道の蛇口を軽くひねった際、ヒューときれいに細く真っすぐ落ちる流れは層流です。逆に、水道の蛇口強くひねった際、バシャバシャと流れる落ちる水は乱流です。つまり、ボール周辺の境界層が層流か乱流かにより、ボールの変化や軌跡が変わります。サッカーボール以外でもそうですが、ボール速度が遅い場合の境界層は、層流です。ボールに対して流体がおよそ90度の地点で剥離しますが、ボールスピードが上がると、境界層は乱流に変化します。乱流になると、剥離していた流体がボール後方で窄（すぼ）まる、つまりシュリンクします。境界層がシュリンクすると、渦領域が減少して、抵抗係数は下がります。さらにボールスピードが上がると、境界層の剥離点は、再度ボール進行方向へ移動し、渦領域は拡大していきます。

3.3　W 杯使用ボールにおける空気抵抗の特徴

　ここからは、W 杯で使用されてきたボールについて、解説します（図3）。まず、2010 年南アフリカ W 杯使用球であるジャブラニの抗力係数（縦軸）を見てみましょう。ジャブラニは、表面がプラスチックのようになっています。そのため、速度が速い場合の空気抵抗は、低くなります。図3の横軸は、レイノルズ数と言います。ボール速度だと理解してください。ボール速度が小さい場合、境界層は層流境界層となり、抗力係数が 0.5 付近と大きくなっています。対してボール速度が大きい場合には、境界層が乱流境界層となり、抗力係数は 0.2 付近と小

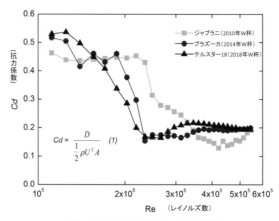

図3　FIFA W 杯使用球の抗力係数

さくなっています。この境界層が、層流から乱流に遷移する、グラフ中ではガクッと抗力係数が落ちている現象を、ドラッグクライシス（抗力係数が急激に減るという意味）といいます。また、抗力係数が落ち切ったところのレイノルズ数は、臨界レイノルズ数といいます。

　ジャブラニの抗力係数変化に対して、2014年ブラジルW杯の使用球であるブラズーカ、2018年ロシアW杯で用いられたテルスター18は、もっと低い速度で抗力係数が下がります。つまり、早い段階でドラッグクライシスが起き、空気抵抗が下がります。ブラズーカやテルスター18は、似た特性を持っており、臨界レイノルズ数付近（Re = 2.5 × 10⁵）でジャブラニより空気抵抗が小さくなり、よく飛びます。超臨界領域後半付近（Re = 4.5 × 10⁵）では、ジャブラニの方が、空気抵抗が小さくなります。実際のプレー、特にシュートでは、多くが超臨界領域中盤付近なので、ボールによる違いはあまりないと言えます。ただし、低い、あるいは中程度の速度でのキックであれば、ブラズーカやテルスターのほうが空気抵抗の低いことからも、飛び方のいいボールと評価できます。

3.4　表面形状により蹴ったボールの軌道は変化する

　図4-aは、風を発生させる装置の近くにボールを設置し、様々な空力特性を測

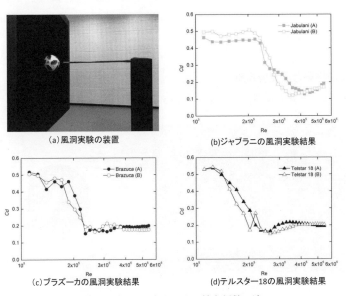

（a）風洞実験の装置　　　　　　　　（b）ジャブラニの風洞実験結果

（c）ブラズーカの風洞実験結果　　　　（d）テルスター18の風洞実験結果

図4　ボールの向きによる抗力係数の違い

定する風洞実験をおこなう設備です。どのボールにもいえますが、ボールの表面形状により、空気抵抗は変化します。W杯で使用された3種類のボールを用いた風洞実験の結果をみてみましょう。ブラズーカとテルスター18は特性が似ていると説明しましたが、テルスター18の方がパネルの位置による空気抵抗への影響がありそうです。我々がおこなった実験結果によると、テルスター18は、ブラズーカと比較するとパネル溝部分にストレートな部分が多いため、ボールの表面形状による軌道の変化が起きやすいと推察されます。

4. ボール後流の大規模渦対構造

4.1 蹴ったボールの後方に生じる「空気の渦」

　キックによりボールが飛ぶ際の渦構造、すなわちボール後方の渦構造に注目してみます（図5）。サッカー漫画などでの描写において、例えばシュートは、ヒューと平行な直線を描かれることがあります。ですが、実際には、低回転で飛ぶと、ボールの後方に不安定な渦構造ができ、しかもそれが様々な動きを見せます。数値流体解析（CFD）という分析により、無回転シュートを解析しても、点対称、あるいは線対称ではなく、どちらかに偏ります。さらに、ぐるぐると回る2つの大きな渦のペア（渦対）をみることができます。この渦対は、後方から見るとよくわかります。この渦は、飛翔するボールにおける大規模渦構造の一つの特徴で、実験ではしばしば観察することができます。

4.2 層流境界層と乱流境界層

　「境界層は、層流と乱流で違う」というお話しをしましたが、実際のボールで

<table>
<tr><td>（a）後流に観察される渦対</td><td>（b）数値流体解析における渦対</td></tr>
</table>

図5　サッカーボール後流の大規模渦対構造

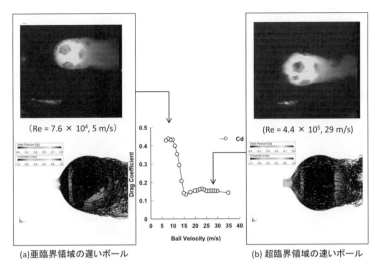

図6　サッカーボールにおける亜臨界領域及び超臨界領域の抗力係数と剥離点

境界層を見てみましょう（図6）。図6-aは亜臨界領域の遅いボール、図6-bは
超臨界領域の速いボールです。遅いボールは、剥離するところが約90度、境界
層が層流で、きれいに剥離している感じです。もちろん剥離の後方には、渦領域（ウ
ェイク）が発生します。つまり、剥離の領域が広いため、抗力係数も大きくなり
ます。これは、まさに層流境界層の特徴といえます。

　全力でシュートを打ったときのような速いボールにおいて境界層は、乱流にな
っています。乱流になるとボール表面に境界層がへばり付き、後方の渦領域がシ
ュリンクして狭くなります。そのため、抗力係数は下がります。ボールの飛ぶ速
度によって境界層の動態が変化するので、抗力係数、および空気抵抗の性質も変
わります。通常、シュートは、超臨界の速度領域なので、低い抗力係数でボール
が飛んでいることが分かります。

4.3　蹴ったボールはなぜ浮き上がる？：ボールの回転とマグナス効果
　回転するボールにはたらくマグナス力、すなわち揚力について、紹介します（図
7）。ボールが回転すると、ボール付近の空気の流れは、空気の流れに対してボー
ルの回転が対面通行になる側と、一方通行になる側で異なります。対面通行する
側は、空気の流れが遅くなります。一方、空気がボールの回転と同じ方向に流れ
る一方通行側では、空気の流れが速くなります。流れが遅くなる側と速くなる側

[空気の流れに対してボールの回転が一方通行側]

ボールの回転方向

揚力

空気の流れ

ボールの回転方向

[空気の流れに対してボールの回転が対面通行側]

図7　サッカーボールの回転とマグナス効果

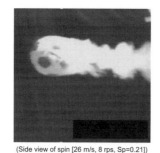

(Side view of spin [26 m/s, 8 rps, Sp=0.21])

（a）回転しながら飛ぶボールの側面画像

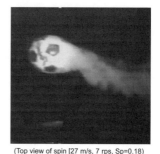

(Top view of spin [27 m/s, 7 rps, Sp=0.18])

（b）回転しながら飛ぶボールの頭頂画像

図8　回転しながら飛ぶボールの画像

では、ベルヌーイの定理にもあるように、空気の圧力が異なります。一つのボールに圧力が高い側と低い側があるということは、図8-aの回転ボールの場合、上から下に押されるということで、下方向にマグナス力が生まれます。

　ハイスピードカメラで撮影された。実際の回転しているボールをみてみましょう（図8-a，b）。図8-aが横からの画像、図8-bが上からの画像です。回転方向は時計回りです。横から見た図8-aの渦は、ある程度上下対称的です。対して上から見た図8-bの渦や流れは、非対称的です。境界層の片側（上側）の剥離が遅れ、もう片側（下側）は剥離が速くなり、ボール後方の流れに偏り、すなわち偏向しています。これは、揚力発生の一要因になります。ボールの回転によって圧

力差が生じ、ボール後方の流れの偏向が起き、軌道の変化、曲がってく力がきます。ボール後流の偏向は、舟の舵のようなはたらきをしています。それらを全て合わせたものがマグナス力になり、マグナス効果が発揮されます。ただ、注意が必要なのは、ボールが回転しなくても、偏向を起こせばボールは曲がるということです。ボールの縫い目の位置等をコントロールすることによって偏向を起こせば、揚力（横力）が生まれ、ボールの軌道は変化します。

4.4　無回転系キック時にボール後方に生じる空気の渦

　あまり回転しないボールの軌道、いわゆる無回転系キックの変化は、どのようなメカニズムだと思いますか。無回転系キックといえば、ユヴェントスのクリスティアーノ・ロナウド選手などが代表的なキッカーとして挙げられます。ロナウド選手は、フリーキックにおいて、低回転のボールで、数多くの得点をあげています。ロナウド選手のキックは、ナックルショットとも表現されます。ロナウド選手はキック力も高く、海外では「ロケット」や「トマホーク」等の呼び名がついているほどです。少しトップスピンが入ることもありますが、一般的なマグナス力だけでは、この変化は説明できません。この程度の回転数では、マグナス効果でここまでグッとボールが落ちるということはあり得ません。

　一般的なインステップドライブキックの後流をみると、渦の放出が観察されます（図9-a）。渦があるので、直線的な後流は見られません。渦がボコボコと発生し、ボールは、およそ放物線状に飛んでいきます。渦はあるが、大規模な空気の乱れは少ないという、我々でも蹴ることができるような普通のボールです。

　一方、無回転系ボール、いわゆるナックルショットは、渦に大規模なうねりがみられます（図9-b）。白い煙の後方がボール軌跡ではありません。これは、煙が渦構造によって上へ跳ねられたり下に押されたりして、大げさに動いているだ

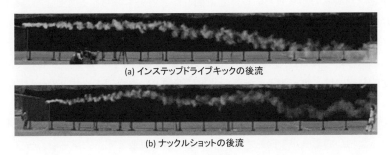

(a) インステップドライブキックの後流

(b) ナックルショットの後流

図9　通常キックとナックルキックにおけるボール後流の大規模渦構造の比較

けです。ボールは、ここまで上下に変化しません。白い煙の変化を全体的に見てみると、放物線状ではありますが、この渦が激しく上下左右に変化していくことによって、飛行機の翼端渦、ウイングチップボルテックと同様の原理が働きます。双子の渦が上に行けば下に押されるし、渦が下に出れば上に押されるし、横に出れば反対側に押されます。

　無回転系ボールは、ゴールキーパーからはボールが震えているように見えるといわれています。わずかな震えではありますが、ゴールキーパーは、ボール軌跡を予測することでプレーの判断をしているため、ボールのコースが少し変わるだけでもかなり動いたように感じるそうです。そのような錯覚も含め、無回転系ボールは、ゴールキーパーにとって扱いにくく、得点につながっているようです。

　まとめると、低回転で速度の高いボールにおいて後方にできる双子の渦は、非常に不安定で、ある時は上下に動き、ある時はジャンプし、途中で崩壊することもあります。渦崩壊後に再びジャンプすることもあります。このような変化が、わずか1、2秒の間に出てきます。その際ボールは、揺れたり、あるいは上にジャンプしたり落ちたりと、複雑な軌道を描きます。無回転系ボールの軌道は不規則ですが、選手によりある程度の傾向はあります。ロナウド選手、ベイル選手、ジュニーニョ選手は、このような無回転系ボールを武器としている選手です。無回転系ボールの軌道は、不規則で予測不能ではあるものの、それを実際のプレーに落とし込めるところが、トップ選手の素晴らしいところです。

5.　実際のサッカー技術に応用する：バイオメカニクス的技術解説

5.1　カーブキックの蹴り方

　皆さんの中にはサッカーをやっている方いると思いますが、「どうやってカーブキックを蹴るのか？」ということに関心がある方もおられるでしょう。「ボールが曲がる原理は分かりました。では、どのように蹴るのですか」というスポーツの技術について、解説します。例えば、中村俊輔選手のキックにおけるスピンの量は、みなさんが蹴る場合とそこまで変わりなく1秒間に7〜8回転です。決定的な違いは、ボールスピードが非常に速いという点です。サッカーの教科書には、カーブキックの蹴り方について、「ボールの側面をこすって曲げながら回転をかける」といった解説がみられます。ですが実際には、「ボールスピードがあり、なおかつボールを回転させる」ことが最も重要です。大学生のカーブキックの画像をみると、インパクトする面の方向とスイングする方向が同じでなく、

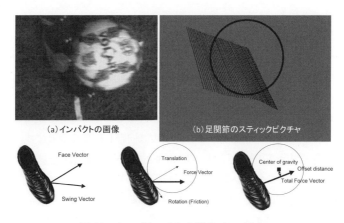

（a）インパクトの画像　　　　（b）足関節のスティックピクチャ

図10　カーブキックにおけるインパクト

少し角度がついていることが分かります（図10）。つまり、蹴り出す脚の側面、すなわちフェースの向きとスイングの向きに、少しだけ角度（迎角）をつけ、強いインパクトで蹴れば、自然とボールにスピンがかかります。

5.2　無回転系キックを蹴るためのこつ

　最後に、無回転系ボールの蹴り方について紹介します。元日本代表の三浦淳宏選手のキックを観察すると、一般的なインステップキックと近いポイントで、少しだけ前に押しこむように蹴っている様子がうかがえます（図11）。ひとつめのポイントは、ボールの中心を蹴る時に少しだけ脚のスイングの並進運動を増やすことです。こうすることで、面白いように無回転系ボールが蹴れます。無回転系ボールのキックにおいて足関節中心の移動変位は、上から見ても、横から見ても、真っ直ぐな動きになっています。実際には、キック動作は回転運動ですから、ど

図11　プロサッカー選手の無回転系キックのボールインパクト

の種類のキックでも回転運動と並進運動を併用して蹴ります。ですが、三浦選手の無回転キックは、インパクト時に並進運動の要素が強いことがわかります。

　もう一つポイントは、インステップキックと同様の蹴り方で、ほんの少しだけ足首に近いポイントでインパクトすることです。足の重心部位、足首に近いポイントで蹴ったほうが、足そのものが固定されやすいですよね。爪先では不安定なのでボールに回転が加わりやすい。足の重心近くでボール重心を蹴ることで、余計なモーメント（回転力）は働かず、ボールは回転しにくくなります。足の重心というのは、爪先から踵を見たときに6対4の位置、ほぼ中心にあります。インステップキックであれば、靴紐の結び目の部分です。インサイドキックであればやや内側、インフロントキックであれば中間あたりになります。

　さらに、もう一つポイントを挙げるならば、足首を少しだけ開いて（回外）ください。そうすることで、下腿と足部のロフト角が小さくなり、無回転系ボールを蹴ることができます。

【文献】

Mehta, R. & Wood, D. *New Scient.* 87, 442–447 (1980).

サッカー選手の自信とパフォーマンス・成長曲線

島崎崇史
上智大学講師　スポーツ心理学

1. スポーツにおいて重要な心・技・体

　本日の講義では、サッカーをスポーツ心理学の立場から見てみたいとおもいます。特に今回は、サッカー選手の自信とパフォーマンスや上達との関連についてお話しさせていただければと思います。

　サッカーに限らず、スポーツにおける重要な要素として、「心・技・体」の3つが挙げられます（図1）。まずは、今までのスポーツ活動を振り返って考えてみてください。この3つの要素の中で、試合において最も重要になるものはどれだと思いますか。「心」という要素を挙げられる方も多いでしょう。皆さんの中にも、技術的、体力的に充実した練習を積むことができたにも関わらず、試合で過度に緊張して実力が発揮できずに負けてしまったという経験がある方もいるのではないでしょうか。

　では、もう1つお聞きします。今までのスポーツ経験で、この「心・技・体」のうち、どの要素を最もトレーニングしてきましたか。おそらくここで「心」を挙げる方は少ないのではないかと思います。技術や体力のトレーニングはかなりおこなっていたのに、メンタル面のトレーニングを全くおこなっていなかったと

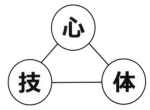

図1　スポーツにおいて重要な心・技・体のバランス（高妻、2014）

いう方が多いのではないでしょうか。試合に勝つために、技術面・体力面と並んで重要な要素である心理面のトレーニングがほとんどおこなわれていないというのは、サッカーに限らず日本のスポーツの課題であるとも言えます（高妻, 2005）。

　スポーツ心理学の背景に基づいて、選手の2つの「じりつ」、すなわち自分自身で長所や課題を発見し、自分の力で成長していく「自立」、および自らに厳しいトレーニングや生活習慣の規律を課す「自律」を目指す心のトレーニングは、スポーツメンタルトレーニングと呼ばれています。スポーツメンタルトレーニングでは、（1）自己分析、（2）目標設定、（3）感情のコントロール（リラクセーション・サイキングアップ）、（4）イメージトレーニング、（5）集中力、（6）自信、（7）コミュニケーションスキル、および（8）試合のための準備、といった基本的な心理的スキルを毎日の生活や練習の中からトレーニングしていきます。

　例えば、目標設定について考えてみましょう。目標なんて、あまり深く意識した事がないという方もいるかもしれません。ですが、「全国高校サッカー選手権優勝」を目標にしているチームの3時間の練習と、「県大会ベスト4」を目標にしているチームの3時間の練習では、どちらの方が練習の質が高いと思いますか。目標は、設定した瞬間から、そのチームの行く末を左右しています。また、今挙げたような「結果目標」を達成するためには、毎日の練習の中で取り組む「アクションプラン（行動計画）」を設定することも必要です。

　次にコミュニケーションスキルを例に考えてみましょう。まず、隣の人と握手をして、相手の良いところを3つ褒めてください。すぐに褒められましたか。すぐに褒められなかった人は、相手の悪いところばかりを見て生活していませんか。サッカーの試合においても、チームメイトがミスをした時、「またあいつ練習と同じミスしたよ」など、試合後のミーティングや反省会でおこなえばいいような事をその場で責め、チームワークを乱して自滅するチームもよくあります。練習の場面でも、試合の場面でも、チームメイト同士がお互いに実力を発揮しあうために、コミュニケーション能力も大切になります。チームのコミュニケーションに関して印象的だったのは、2010年におこなわれたW杯南アフリカ大会の日本代表です。日本代表の前評判は決して高くありませんでしたが、2002年におこなわれた日韓W杯以来の決勝トーナメントへと駒を進めました。この大会では、試合中にパスが通らなかったり、シュートが枠を捉えられなかったりという場面が多く見られました。ですがプレーが止まるたびに選手たちは、笑顔でサムアップ（親指を立てるジェスチャー）などの非言語的コミュニケーション

（Nonverbal communication）により、観客の声援や応援の音で言葉でのコミュニケーションが難しい場面でも意思疎通を図っていました。若い力が台頭したという言葉でその躍進を評することもできますが、選手たちがフィールドの中で良いコミュニケーションをとっていたことも、大きな要因であったと思います。

このように、選手のメンタル面は、時に勝敗を大きく左右する要因になると考えられます。しかしメンタル面の強化は、一朝一夕になせるものではありません。日々の練習の中でトレーニングの一環として取り組まなければ、技術や体力と同様に向上・成長することは難しいでしょう。

2.　サッカーにおける試合の立ち上がりの重要性

サッカーの競技特性のひとつとして、バスケットボールやハンドボールなどの他のボールゲームと比較してジャイアントキリング、すなわち実力的には劣ると考えられていたチームが、勝ると考えられていたチームを破る番狂わせが起きやすいという点が挙げられます。Anderson & Sally（2013：児島訳, 2014）は、欧州4大リーグ（ドイツ：ブンデスリーガ、スペイン：リーガエスパニョーラ、イタリア：セリエA、およびイングランド：プレミアリーグ）のデータを分析し、本命（リーグ戦上位チーム）が勝つ確率について分析をしています。その結果は、リーグによって多少の違いはありますが、50％を少し上回る程度でした。たとえば、ドイツのハンドボールのプロリーグ、アメリカの野球のメジャーリーグ（MLB）、北米4大スポーツの中でも人気の高いアメリカンフットボール（NFL）では、本命が勝つ確率がおよそ70％前後であることと比較しても極めて低い数字といえます。

このような不確定要素が多い種目であるサッカーですが、先制点を取ったチームが勝つ確率は何％くらいだと思いますか。図2をご覧ください。論文等で記録として残っているもので見てみると、2002年・2006年のW杯、2010年のJリーグ（J1、J2）、2012年のヨーロッパ選手権において、いずれも先制点を取ったチームがおよそ70％の確率で勝利していることがわかります。

種目は違いますが、高校野球では、「甲子園には筋書きのないドラマがある」といわれます。メディアでは逆転に次ぐ逆転という試合をクローズアップして報道されます。ですが実際にはサッカーと同様に先制点をとったチームが勝つ確率は、2005〜2007年の甲子園全試合で71.5％であったと報告されています（川村・中村, 2007）。

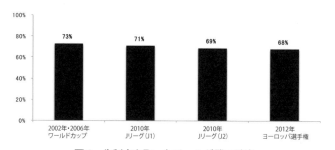

図2　先制点を取ったチームが勝つ確率
(小林、2011；Njororai, 2014；Mitrotasios & Armatas, 2014 をもとに作成)

　これらのデータから、サッカーに限らず、競技スポーツにおいて試合の立ち上がりの重要性が理解できるのではないかと思います。では、立ち上がりの良いチームの特徴としては、どのようなことが挙げられるでしょう。立ち上がりの良いチームの心理状態について調査した森（2010）の研究によると、立ち上がりの良いチームの選手は、試合に対する闘争心が高く、リラックスしており、かつ自信を持って試合に臨んでいることがわかっています。このように試合の勝敗をも左右する立ち上がりのパフォーマンスには、選手の「自信（self-confidence）」が影響しています。

　よくスポーツでは、「勢い（Momentum）」という言葉が使われます。特にサッカーでも多くの大会で用いられているトーナメント、ノックアウト形式の試合の場合、当然実力も必要ですが、チームに勢いがあるかどうかも勝敗に大きく影響を与えます。このチームの勢いというのは、コーチと選手が持つ自信の相互作用によってもたらされると言われています（Weinberg & Gould, 2010）。

3.　スポーツ選手の持つ自信のタイプ

　スポーツ選手の持つ自信には、おおよそ 4 つのタイプがあると言われています（Weinberg & Gould, 2010）。1 つめは、「自己の技術・体力に対する自信」です。これは、多くの皆さんが自信と言われた際にイメージとして浮かぶものではないでしょうか。

　2 つめは、「メンタル面に対する自信」です。このタイプの自信が高い選手は、自分の意思決定・判断力、ガッツ、大舞台での勝負強さに対して自信を持っており、本番に強いタイプといえます。皆さんの今までのスポーツ経験の中にも、能力はそこまで高くないのにチームの元気印で、試合やチャンスに強く、主力メン

バーに入ってくる選手がいた経験があるのではないでしょうか。

　3つめは、「積み重ねた練習に対する自信」です。サッカーに限らず日本人には、このタイプの自信を大切にする選手が経験的には多いように思います。「自分は日本一の練習をしてきた」など、積み重ねてきた練習の質や量に対して絶対的な自信を持っているのはこのタイプの選手だと思います。

　最後に4つめは、「自分はもっと上達できるという自信」、専門的には、セルフ・エフィカシー（Self-Efficacy: Bandura, 1977）とも呼ばれるものです。これは、自分の可能性を信じるという意味での自信です。皆さんの周りに、要領よくレギュラーをとるような選手と自分を比較して、「どうせやったって自分にはもともと才能がない、能力が低い」と思い込み、可能性にフタをしてしまっている選手はいませんでしたか。このような考え方で日々の練習に取り組んでいたら、いくら練習しても上手くならないのは感覚的にも理解できますね。特にこのタイプの自信の低い選手をみると、自信がいかに練習の質や上達、試合での実力発揮に影響しているかがわかります。皆さんもご存知のように、名門ACミランで10番を背負った日本を代表するサッカー選手である本田圭佑選手のように、小学校の卒業文集で描いた「セリエAのチームでレギュラーを取り、10番をつけて活躍する」という夢を実現してしまう選手もいます（サッカーキング, 2014）。彼のサッカーへの取り組みは、順風満帆ではなくとも、幼い頃から自分はできるという自信を失わないことの大切さを教えてくれているようにも感じます。

4.　選手の描く成長曲線とプラトー・スランプ

　皆さんの中で、スポーツに限らず音楽をやっている方、語学に力を入れている方で、伸び悩みやスランプを味わった経験のある人はどのくらいいらっしゃいますか。本日のテーマでもある自信は、スランプにも大きく関わっています。スポーツ選手にとって自信は、試合のパフォーマンスのみならず、成長にも大きく影響します。選手たちがサッカーに取り組む中で心身ともに成長していく様子、すなわち成長の軌跡は、一般的に成長曲線とも呼ばれています。順調に右肩上がりな成長を続けていく選手もいますが、多くの選手がパフォーマンスの伸び悩み、すなわち「停滞」を経験します。この停滞には、プラトーとスランプという2種類があり、それぞれ異なる性質を持っています（図3）。

　プラトーは、高原状態とも言われ、練習を重ねてもパフォーマンスが伸びない、成長が感じられない状態を指します。プラトーになってしまう原因の多くは、練

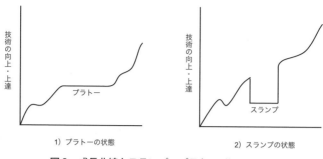

図3　成長曲線とスランプ・プラトー（杉原、2003）

習のマンネリ化、それに伴う競技意欲の低下にあると言われています。プラトーを抜け出すには、選手側にももちろん改善の余地がありますが、指導者側にも工夫が必要なケースが多くあります。OB・OGとして、何年か振りに自分の母校を訪れたら、スポーツ科学やトレーニング理論は日進月歩で進歩しているにもかかわらず、タイムスリップしたように自分が現役だった時と全く同じ練習をしていたという経験はありませんか。プラトーは、マンネリを打開して新たな練習法を取り入れる、練習強度を上げるなど、トレーニング内容を見直すことで改善することが多くあります。

　一方、スランプは、もう少し複雑な構造になっています。スランプについては、指導者から「練習に気合が入っていないからだ！」など、いわゆる根性論で片付けられてしまうことも多くあります。ですが、スランプの原因は、心・技・体、それぞれの側面から考えられます。技術面では、新しいフォームや技術・戦術を取り入れたことにより、一時的に従来よりもパフォーマンスが低下することがあります。体力面からは、過度なトレーニング（オーバーワークによる疲労の蓄積）、身体的な成長に伴って、今までできていた技術が身体に合わなくなるといった状況も挙げられます。

　一方、心理面では、「自信の喪失」がスランプの大きな要因として挙げられます。たとえば、イタリア・セリエAのインテル・ミラノに移籍した長友佑都選手は1年目、日本のメディアの取材に対して、「プレー中、日本代表では見えているはずのスペース（敵陣でディフェンダーのいない空間）がインテルでは見えない。そのために、前方に大きくスペースが空いているにもかかわらず、攻めずに味方へパスを出すなど、消極的なプレーが多くなってしまった」という談話を残しています（報道ステーション，2011）。当然ですが、技術面・体力面での実力は、インテルでプレーしている時も日本代表としてプレーしている時も変わら

ないはずです。それにも関わらず、パフォーマンスが発揮できない、低下したという経験を語っています。このような現象は、中学校から高校、高校から大学・プロといったように自分がプレーするカテゴリーが上がった際にも見られます。今までは、スターティングメンバーとして自信を持ってプレーできていたのが、カテゴリーが上がったことにより、自分と同年代でも自分より上手い選手がたくさんいるという現実に行き当たった際、リアリティ・ショック、すなわち井の中の蛙だったという現実を直視したことにより、自信を失い、調子を崩し、本来の自分のパフォーマンスすらも出せなくなってしまう選手もいます。長友選手自身も、インテルという世界屈指のビッククラブの一員となったことにより、観客や周囲の期待、チームメイトのレベルの高さをネガティブに捉えてしまい、自信を失い、消極的なプレーを選択していたとを振り返っています。その後きっかけをつかみ、うまくいく自信を取り戻した後にはまた、成長の続きが待っています。「挫折や上手くいかない時こと成長のチャンス」という言葉をスポーツの世界ではよく聞くことがありますが、まさにその通りで、壁にぶつかった時に、このような知識を持っておくと、自分がプラトーかスランプか、どのようにしたら現状を打開できるのかを冷静に分析できるかもしれません。

5. 自信を高める実践プログラム

　自信は、試合の立ち上がりにおけるパフォーマンスや、選手の成長自体にも関わる重要な要素であることが理解いただけたかと思います。では、自信は、具体的にどのようにして高めれば良いのでしょうか。ここからは日々の練習、ひいては毎日の生活の中で自信を高める実践プログラムを紹介します（高妻，2005）。

5.1　ポジティブなセルフトーク
　皆さん、歴代でアジア最高のフットボーラーといえば、誰を思い浮かべるでしょうか（学生からは、中田英寿選手、香川真司選手、パク・チソン選手などの名前が挙がる）。私も京都パープルサンガ（現：京都サンガ F.C.）でプロとしてのキャリアをスタートさせ、イングランドのマンチェスター・ユナイテッドで活躍し、プレミアリーグ、チャンピンズリーグ、クラブ W 杯を制覇した韓国出身のパク・チソン（朴 智星）選手を思い浮かべます。彼の自叙伝である「名もなき挑戦：世界最高峰にたどり着けた理由」（パク，2010：吉崎訳，2011）は、サッカー選手の自叙伝の中でも名著の一つだと思いますので、ぜひ参照してみてください。

図4　練習や試合でのセルフトークの例（有冨他、2013 を参考に作成）

この自叙伝の中で、パク選手も長友選手と同じように、世界屈指の名目クラブである
マンチェスター・ユナイテッドで移籍当初は、なかなか自信を持ってプレー
ができなかったと語っています。その際にパク選手は、ピッチに入る際のルーティ
ィン（Routine：実力を発揮するための決まった手順）として、ポジティブなセル
フトーク（Self-talk：自己会話）をおこなっていたそうです。パク選手は、ピッ
チに入る前、「チソン、好きなように駆け回って、遊ぼうぜ」、「このピッチで、
自分は最高の選手だ。心から楽しもう」といったように自分を鼓舞する言葉を
頭の中で自分に言い聞かせていたそうです（パク，2010：吉崎，2011，p.181，
p.185）。皆さんも練習や試合前には、色々な事に思いをめぐらせているのではな
いでしょうか。図4を見てみてください。どちらの選手の方が、試合やプレーに
対して自信を持って入れそうですか。上達しそうだと思いますか。みなさんの経
験の中でも、チームメイトに「何のためにこの人は毎日練習に来ているのだろう」
というくらいやる気のない選手がいた方もいるのではないでしょうか。そのよう
な選手の頭の中は、ネガティブなセルフトークに支配されてしまっていることが
多くあります。セルフトークには、自分を勇気づけ、自信を高めたり、やる気を
高める力があります。

5.2　態度のトレーニング

　これまでに生きてきたなかで培った考え方、思考のパターンを変えるというの
は、非常に難しいことです。「考え方が変わることにより、行動や態度・姿勢が
変わる」ということもありますが、逆に「行動や態度・姿勢が変わることにより、
考え方が変わる」こともあります（Bandura, 2001）。例えば、中学校時代に少し
やんちゃをしていた選手が、規則の厳しい高校の強豪のチームに入り、はじめは
嫌々周りに合わせて動かざるを得なかったのが、3年生になった頃にはチームを

引っ張るような存在になっていたということはよくあります。心理学では、人間の認知（考え方）と行動は相互に影響を及ぼしあっていることがわかっています。そのため自信を高めるには、普段からどんな言動・態度で過ごしているかが重要です。どなたか1人、前に出てきて実演していただきましょう。Aさん（学生）、まずは自信のない表情をしてください。次に自信のない姿勢をとってみてください。最後に、自信のない声で皆さんに「こんちは」と挨拶してみてください。今、どんな気分ですか？「なんだか、申し訳ないような気持ちになっています（Aさん）」。試合前に「宜しくお願いします！」と挨拶をした時に、こんな相手だったら「今日は勝てそうだな」と思うのではないでしょうか。

　今度は自信のある表情で、自信のある姿勢をして、皆さんに「こんにちは」と挨拶してみてください。さっきと比べてみてどうですか？「なんとなく、相手をなめているような、余裕のある感じです（Aさん）」。おそらく皆さんも、こういう元気な選手が相手だと「やりずらいな」と感じるのではないでしょうか。ボクシングの試合前の会見場を見たことがある人もいると思いますが、ものすごく近い距離で睨み合いをしていますよね。あれは、アイ・ファイティングとも呼ばれており、試合前の威圧の掛け合いで一歩引いて自信を失ってしまうと、試合でのパフォーマンスにも影響してくると考えられています。

5.3　成功体験

　大きな大会が近づくと、成功体験を積むことを意図した親善試合のマッチアップなども出てきます。皆さんの中にも、なぜランキングが下のチームとばかり試合をするのかと疑問に思ったことのある方もいるのではないでしょうか。自分たちよりも実力的に少し下のチームと試合をすることにも、意味があります。自信をつけるためには、「成功体験」を積むことも大切です。あえて少し自分たちよりも格下の相手と試合をして勝つことで自信をつけ、大一番の試合に臨むことが戦略的におこなわれることもあります。

　このような手法以外にも、毎日の練習の中で小さな成功体験を積み重ねることが、自信をつけるプロセスでは大切です。

5.4　トレーニングの振り返り

　はじめに紹介した、練習量や今までの積み重ねに対して自信を持つという手法の一つとして、トレーニングを振り返るという方法があります。この手法を上手に用いている選手の例としては、スコットランドのセルティックFCをはじめ、

国内でも活躍を続ける中村俊輔選手が挙げられます。中村選手は、練習日誌を活用してトレーニングを振り返り、自信を高めている選手ではないかと思います。中村選手の練習日誌の内容は、「夢をかなえるサッカーノート（文藝春秋）」という書籍としても刊行されており（中村, 2009）、その一端を伺うことができます。

　練習日誌は、英語で "Log Book（航海日誌）" とも言われ、目的地、すなわち目標とする場所まで安全にたどり着くための道標となる記録の宝庫という意味合いで表現されることもあります。単にその日その日で振り返るだけでなく、練習日誌のように自分の毎日の積み重ねを記録として残しておくことは、自信を高めるために有効な手段といえます。

5.5　他者比較

　教育やスポーツの現場で、他人と比較をするというのはあまり好ましくないことであるとも言われますが、自分と似たような属性、例えば身長や身体能力の人が成功している姿を見て、「あの選手でもできるなら自分にもできるかもしれない」といったように自信を高めることは、代理的体験と言います。体格的に恵まれていない選手は、自分に近い体格のプロ選手のプレーを見ると、こういうプレーをすれば、プロでもやっていけるんだというイメージを掴むことができます。また、自分にもできるかもしれないという自信をもつことができます。

　これからスポーツに限らず何かを指導する機会のある方々は、「あの選手でもできているんだから、もっと頑張っているあなたにもできるよ！」と上手に他者比較を用いて選手の自信やモチベーションを高めることもテクニックの一つです。

5.6　ほめる

　最後に、選手が自信をもてるように支援する簡単な方法を紹介します。それは、「ほめること」です。サッカークラブの中には、厳しく接することで選手の成長を促すという教育方針を掲げられている指導者の方も少なくありません。ですが、あまり叱りすぎると、そこに教育的な配慮があったとしても、監督の顔色を伺いながらプレーする、怒られないような可もなく不可もない無難なプレーを選択する選手が増えます。これでは、メンタルトレーニングの目指す2つの「じりつ」（自立・自律）を実現できる選手を育成することは難しいでしょう。

　ただし、やみくもに何でもほめれば良いという訳ではありません。ほめることにもポイントがあります。それは、「何が良かったのか」、「何に対して自信を持って良いのか、あるいは持って欲しいのか」をしっかりと選手に伝えること、す

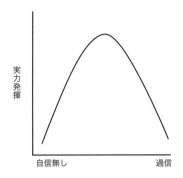

図5　自信と過信の関係（Weinberg & Gould, 2011）

なわち「根拠を持ってほめる」ということです。自信とパフォーマンスの関係について、図5をご覧ください。縦軸を試合での実力発揮とすると、自信は、なさすぎると試合で実力を出し切ることは難しいと言えます。一方で過度に持ちすぎている状態をスポーツ心理学では過信（Over confidence）と呼びますが、そのような状態でも実力を出すことはできないと言われています。

　皆さんの中にも経験のある方がいらっしゃるかもしれません。自分たちのチームの方が、技術・体力的に優れているから次の相手は楽々勝てるだろうと、なんとなくチーム全体に安易な気持ちがあり、集中力が試合に対して向かいきれていない中で試合に臨んだところ、相手のチームが自分たちを良く研究していて、なかなか普段通りのプレーができずにチーム全体がイライラし、集中力を欠き、隙を突かれて失点したのがそのまま決勝点となって負けてしまったといったケースです。これは極端な例であり、作り話ですが、ジャイアントキリングは、ちょっとした過信からくる心身・戦術的な準備不足により起きている面も多いのではないかと思います。

6.　おわりに

　いかがでしたでしょうか。本日の講義は、サッカーをスポーツ心理学の視点から解説してみました。スタジアムやテレビの中継でサッカーを観ていると、芸術的なドリブル、美しいパス、思わず力の入るような強烈なシュート、トッププレーヤーたちのスピーディな試合展開などに目が行きがちですが、そのプレーの裏側にある心理的な部分、例えば試合に向けた心の準備、ピッチに立つまでの精神的な葛藤と成長などにも目を向けると、いっそうサッカーという種目を楽しんで

観ることができるでしょう。さらに、サッカー選手の自叙伝やドキュメンタリー番組などからも、その一端を垣間見ることができます。本日の講義がサッカー選手の「心」に目を向けるきっかけになれば大変嬉しく思います。

【参考文献】

Anderson, C. & Sally, D. (2013) The number game: Why Everything you know about football is wrong? Penguin Books.（アンダーセン C.・サリー D.：児島修（訳）（2014）『サッカーデータ革命：ロングボールは時代遅れか』辰巳出版）.

有冨公教・外山美樹・沢宮容子（2013）「セルフトークが運動パフォーマンスに及ぼす影響」スポーツ心理学研究，40 (2)，153-163.

Bandura, A. (1977) Self-efficacy: Toward a unifying theory of behavior change. Psychological Review, 84 (2), 191-215.

Bandura, A. (2001) Social cognitive theory: An agentic perspective. Annual Review of Psychology, 52, 1-26.

報道ステーション（2011）「秘話 インテル長友佑都 知られざる孤独な戦い」（2011 年 6 月 22 日放送）

川村卓・中村計（2007）『徹底データ分析 甲子園戦法 セオリーのウソとホント』朝日新聞社.

小林明（2011）「統計にみる サッカー「勝利の法則」カギは先制」日本経済新聞電子版〈https://www.nikkei.com/article/DGXBZO35526900S1A011C1000001/〉（2017 年 11 月 8 日アクセス）

高妻容一（2005）『今すぐ使えるメンタルトレーニング選手用．ベースボール・マガジン社.

高妻容一（2014）『基礎から学ぶ！メンタルトレーニング』ベースボール・マガジン社.

Mitrotasios, M. & Armatas, V. (2014). Analysis of Goal Scoring Patterns in the 2012 European Football Championship. The Sport Journal. Retrieved from http://thesportjournal.org/article/analysis-of-goal-scoring-patterns-in-the-2012-european-football-championship/

森億（2010）「バスケットボールにおける立ち上がりのパフォーマンスとゲーム前の心理状態との関係について」東海大学大学院 2009 年度修士論文.

中村俊輔（2009）『夢をかなえるサッカーノート』文藝春秋.

Njororai, W. S. S. (2014). Timing of Goals Scored in Selected European and South American Soccer Leagues, FIFA and UEFA Tournaments and the Critical Phases of a Match. International Journal of Sports Science 2014, 4(6A): 56-64 DOI: 10.5923/s.sports.201401.08

パク・チソン（著）・吉崎エイジーニョ（訳）（2011）『名もなき挑戦：世界最高峰にたどり着けた理由』小学館集英社プロダクション.

サッカーキング（2014）「伊紙、本田圭佑の小学校卒業文集を紹介「10 番で活躍します」」サッカーキングウェブサイト〈https://www.soccer-king.jp/news/world/ita/20140110/161111.html〉（2017 年 11 月 13 日閲覧）

杉原隆（2003）『運動学習の心理学』大修館書店.

Weinberg, R. S. & Gould, D. (2011). Foundations of Sport and Exercise Psychology 5th edition. Human Kinetics.

サッカーに対する
スポーツ科学的アプローチ

安松幹展
立教大学教授　運動生理学

1. はじめに

　数あるスポーツの中でもサッカーは、科学的知見の導入が難しい種目と考えられています。図1は、縦軸に科学のレベルの高低を、横軸にスポーツ科学導入の難易度を示した図です（戸苅, 2004）。右上のスポーツ種目群は、複雑な動きが少なく、時間や距離、重さなどでパフォーマンスを評価できるものであり、研究成果も多く報告されています。左下にいくにしたがって、動きの複雑化、芸術的要素・評価、対人コンタクトといった不確定要素が多くなり、科学的知見の導入が困難と考えられています。

　しかしながら、バングスボ（Jens Bangsbo）博士のように、デンマークにあるコペンハーゲン大学の筋肉生理学者であると同時に、サッカーのプロコーチ

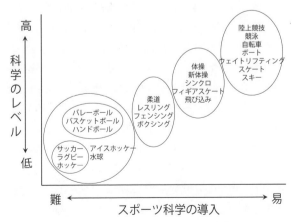

図1　種目による科学のレベルとスポーツ科学導入の難易度（戸苅, 2004）

161

の資格も持ち合わせている方もいます。"Football is not science, but science may improve the level of football（サッカーは科学ではないが、科学がサッカーのレベル向上に役立つはずである）" という彼の言葉とともに、これまで数多くのサッカーに関する科学的な研究の成果が報告されています。ここでは、2009 年から 2010 年に筆者がバングスボ博士のもとで訪問研究員をしていた経験も踏まえ、サッカーに関する科学の現状を解説します。

2. サッカーの試合中の動きを数値化するフィジカル分析

　サッカーの試合中における動きの分析は、パスの回数や成功回数といったテクニカル分析、および走行距離や走行スピードといった体力的要素に関する分析であるフィジカル分析に分類することができます。フィジカル分析では、主に選手の動きを追跡したデータが解析されます。ヨーロッパのプロリーグでは、1980 年代から試合で要求されるフィジカルな要素が議論され、トレーニングやコンディショニングに応用されてきました。近年では、国際サッカー連盟（FIFA）が W 杯でのゲームにおける体力的要素に関するデータを公開しています。2015 年からは、J リーグでも、J 1 の試合に限り、ゲームの走行距離とスプリント回数を公開しています。

　日本において、サッカーの動きを数値化する試みは、1964 年の東京五輪に向けた準備の一貫として始まりました。1960 年 8 月に刊行された日本蹴球協会（現日本サッカー協会）機関誌「サッカー」No.7 に、「東京五輪に備えて」という特集が組まれています（図 2）。まず、当時の野津謙協会会長が、「科学する日本のサッカー」と題して、当時からすでにシステマティックにサッカー理論を構築していたドイツ蹴球連盟の取り組みに学ぶ意欲を示しています。次に、小野卓爾協会専務理事が、「強化と普及の新しい知識」と題し、協会内の組織に、強化指導を担う指導第一部、育成指導を担う指導第二部、指導員養成を担う普及部とともに、初めて科学研究部を設置することを示しています。科学研究部の主な役割としては、（1）サッカーの強化・普及に必要な基礎的な研究調査、（2）サッカーに関する科学的諸資料の作成と整備、および（3）その他科学研究に伴う必要な事項、が挙げられていました。さらに、竹腰重丸協会強化本部長は、「選手強化計画の構想」の中で、現状の分析からチーム強化の方向性、および指導者と選手養成の具体的施策を検討して行く考えを示しています。興味深いのは、当時の日本のサッカー選手の体力について、「耐久力は見劣りしないが、瞬発力でかなり

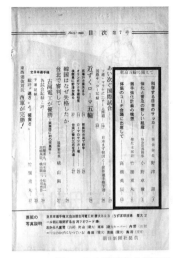

図2　日本蹴球協会機関誌「サッカー」No.7 の表紙と目次

劣り、走るスピードの点でもなお一段の修練を要する」と現状分析がされていたことです。後ほど詳しく述べますが、60年近く経った今も、その体力的特徴は変わっていないようです。

　現存する中で最も古い日本代表チームのゲームにおけるフィジカルデータは、代表チームが銅メダルを獲得した1968年メキシコオリンピックのアジア地区予選の対韓国戦におけるトラッキングデータです。当時は、実際のサッカーピッチの1/300サイズの縮尺図に、ペンで選手の動きを線で記し、その線をキルビメータでなぞって、実際の走行距離に換算していました。当時の資料から、日韓両国の代表チームの数値を比較してみると、日本代表チームの前半から後半にかけての走行距離の低下率は、韓国代表チームよりも有意に大きかったようです（表1）。新聞紙面では、「数字が知っていた日本苦戦」というタイトルで、当時の科学研究部による日本初のゲームフィジカルデータ分析が詳細に報じられました（図3）。この分析手法は、その後日本サッカー協会科学研究委員会に引き継がれ、

表1　メキシコ五輪アジア予選日韓戦の両チームの平均走行距離と低下率（安松，2016）

	前半 （m）	後半 （m）	合計 （m）	後半の低下率 （%）
日本	4240.3	3727.7	7968.0	11.99**
韓国	4058.6	4007.2	8065.8	1.51

** p < 0.01, vs韓国　　　　　　　　　　　　　　　　（科学研究部の資料から安松が作成）

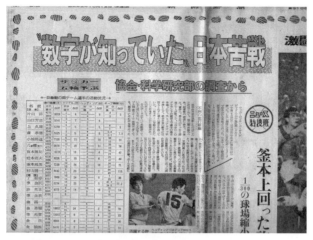

図3　科学研究部の調査を報道した新聞紙面（報知新聞，1967年10月12日）

走行距離に加えて、スピード変化も測定できるように発展していきました（図4）。世界におけるサッカーのフィジカル分析の研究動向に目を向けると、バングスボ博士の研究グループは、選手毎に撮影したゲーム映像から、選手の動きをより詳細に分類し、分析する方法を構築しています。その他にも、ゲーム全体の90％近くは歩きやジョギングなど強度の低い動きであること、1分間に1度の頻度で高強度ランニングやスプリントの動きがみられ、同じ動きが長くは続かないことがヨーロッパ地域での研究報告により明らかになってきました（Bangsbo et al., 1991）。

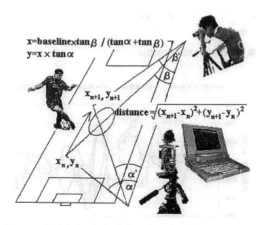

図4　三角法を応用した移動スピードの測定（大橋，1999）

　2000年代に入ると、数台のカメラでピッチ全体を撮影し、選手の動きを自動追尾するシステムが開発されます。このシステムは、ヨーロッパの主要リーグで採用され、ゲーム翌日には各チームや審判にフィードバックされるようになりました。また、測定されたフィジカルデータを活用した研究もおこなわれています。たとえば、Mohr et al.（2003）は、ゲーム中の高強度運動の距離や割合がチームレベルに影響すること、トップクラスの選手は通常の選手を比較してゲーム中に時速13km/h以上の高強度運動時間が長いことを報告しています（図5）。同様の結果は、オランダやイングランドのゲームフィジカルデータでも報告されています。2014年のW杯ブラジル大会のテクニカルレポートでは、これらの研究成果を受けて、試合中の高強度運動の重要性が指摘されています。

　進化を遂げてきたフィジカル分析ですが、ゲーム映像を利用した自動追尾システムでは、コーナーキック時など多くの選手が重なり合う場面において人の手による修正作業が必要でした。そこでFIFAは、2015年に当時禁止されていた選手のゲーム中におけるGPSなどの電子的パフォーマンス＆トラッキングシステムの装着についてルール改正を行い、使用目的がチームや競技者のパフォーマンスのコントロールや向上のためであれば使用可能としました（FIFA, 2015）。今後は、従来からおこなわれていた映像によるトラッキングとGPSの併用が現実的な手法だと思われます。

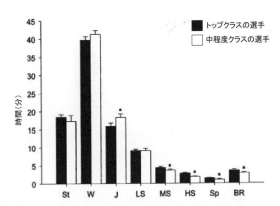

Note. St: 立ち；W: 歩き；J: ジョギング；LS: 低速度走；MS: 中速度走；HS: 高速度走；Sp: スプリント；BR: 背走；アスタリスク（*）は統計的に有意な差のあった項目を示す。

図5　ヨーロッパにおけるトップクラスと中程度クラス選手の1試合でのActivity profile の比較（Mohr et al., 2003）

3. サッカー選手に対する体力測定

　スポーツ種目の競技力向上を目指すには、対象となる種目で発揮されるパフォーマンスの決定要素を理解する必要があります。サッカーのパフォーマンスを決定する要素としては、図6上段のような要因が挙げられます。トップ選手のパフォーマンスは、選手自身の技術的、戦術的、体力的、および心理的・社会的側面に依存します。体力的側面に着目すると、1960年代にサッカーに対する科学的アプローチが始まって以来、体力の強化は、長年の課題となっています。1964年の東京五輪以降、日本サッカー協会技術委員会科学研究部が中心となり、日本代表選手や日本リーグ選手たちに対して、体力測定が継続的に行われてきました。2003年には、フィジカルフィットネスプロジェクトが発足しました。このプロジェクトは、世界基準に則ったフィジカルフィットネス測定を行い、日本人サッカー選手の体力的特性を把握し、足りない体力的要素を補完してく手段を提示してくことが主な活動内容となっています。ここでは、これまでの測定結果を基づいて日本人サッカー選手の体力的特性を考えていきたいと思います（安松, 2005；安松・広瀬, 2010）。

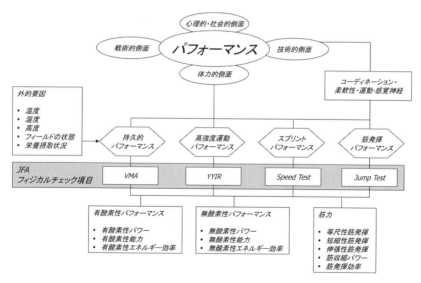

図6　スポーツパフォーマンスの決定要素と日本サッカー協会の
　　　フィジカルチェック項目の関係（Bangsbo, 2006をもとに作成）

　まずは、サッカーにおけるフィジカル、すなわち体力的側面を整理したいと思います。図6を見てみましょう。体力的側面を生理学の視点からパフォーマンスの種類により分類すると、(1) 持久的パフォーマンス：長時間にわたる運動の持続能力、(2) 高強度運動パフォーマンス：ダッシュやターンなどの高強度運動を間欠的に発揮する能力、(3) スプリントパフォーマンス：スピード能力、および (4) 筋発揮パフォーマンス：ジャンプ能力など瞬間的な筋収縮能力、に大別されます。サッカーでは、これらの要素が複合的に必要となります。日本人においても、これらの要素を分析することで、サッカーにおける日本人のフィジカル的な特徴を把握することができます。日本サッカー協会では、フランス人のフィリップ・トルシエが代表チームの監督を務めた 2000 年から、表2のような体力テストを実施してきました。これらの測定項目を図6のようにバングスボ博士の分類に当てはめると、5つの測定項目は、持久的パフォーマンス、高強度運動パフォーマンス、スプリントパフォーマンス、筋発揮パフォーマンスと対応していることがわかります。そのため、日本サッカー協会でおこなっている体力テストは、サッカーの体力的側面をすべて網羅していると考えられます。

　次に、日本代表選手と海外の選手との体力的要素を、比較してみましょう。まずは、持久的パフォーマンスです。サッカーにおける持久力的パフォーマンスの向上は、回復能力の最適化、怪我の最小化、心理的負荷許容量の増加、技術的失敗の減少などに貢献すると考えられています。フランスを中心にヨーロッパで行

表2　日本サッカー協会で 200 年よりおこなわれている体力テスト

（日本サッカー協会，2006）

テスト項目	概要
VMA（Vitesse Maximale Aerobice）テスト	有酸素性最大スピードを測定する
等速性筋力測定	Biodex を使用し、300 〜 -60°/sec での等速性筋力を測定する
スプリントテスト	スタートの合図からの反応時間、10m 通過時のタイム，20m 通過時のタイムを測定する
ジャンプテスト	スクワットジャンプ，カウンタームーブメントジャンプ，腕の振りを使ったカウンタームーブメントジャンプ，腕の振りを使った 6 回の連続ジャンプを測定する
ヨーヨー間欠性持久力テスト（Yo-Yo Intermittent Recovery Test）（Level 2）	高強度運動後の回復能力を評価する

われているVMAテスト、別名45/15テストは、1分間毎に0.5㎞ずつ走るスピードを上げていく漸増負荷テストです。サッカーのフィールドで行うことができ、結果から最大酸素摂取量を推測することができます（安松，2005）。日本代表選手の測定結果は、ヨーロッパ強豪国選手の値と比較しても高い結果でした。つまり、持久的パフォーマンス能力は、日本人のストロングポイントであると推測できます。これは、前述した1960年の日本蹴球協会の見解とも一致しています。

しかし、サッカーの試合において必要な能力は、スプリントなどの高強度運動を長時間にわたり繰り返すことができる力、すなわち高強度運動パフォーマンスです。バングスボ博士によって考案されたヨーヨー間欠性持久力テストは、サッカーのゲーム中に繰り返される高強度運動後の回復能力を評価するテストとして世界中で使われています（Bangsbo et al., 2008）。日本代表選手の測定値は、ヨーロッパの選手と遜色がなく、持久的パフォーマンス同様に高強度運動パフォーマンスにおいても高いレベルにあると考えられます。

サッカーにおけるスピード、特に20mまでの短い距離のダッシュは、ゲームにおける決定的な場面で大変重要な体力的要素であることが知られています（Cometti et al., 2000）。ゲームの中で発揮されるスピード能力には、認知スピード、予測スピード、決定スピード、反応スピード、運動スピード、行動スピードといったものがあります。一般的に、機器で測定できるスピード能力は、反応、運動、行動スピード能力です。光電管を用いて測定した、スタンディングスタートからの10ｍ通過時のタイムおよび20ｍ通過時のタイムの比較において日本代表選手の値は、ヨーロッパ強豪国選手の値よりもおおむね下回っていたと報告されています。数メートルまでの非常に近距離的なスピードを表すアジリティ能力は、日本人のストロングポイントであると国外からも評価されています。ですが、スピード能力の測定結果から、いったんスピードに乗ってしまったヨーロッパの選手への対応は、非常に困難であることがわかります。

爆発的な筋発揮パフォーマンスは、スピード能力と同様に、ゴール前での動きの中で、時に試合を決定づける要素となります。スイッチマットを用いて滞空時間から計測するジャンプテストは、筋発揮パフォーマンスの測定として、サッカーではよく用いられています。ジャンプテストでは、下肢の筋発揮能力を膝関節の伸展力、筋の弾力性、腕の使い方などを詳細に検討することができます。数多くの研究結果から、日本代表選手の値は、ヨーロッパ強豪国選手よりも低いことが明らかになっています。国際大会毎に報告されている各国との体格の比較からもわかるように日本人選手は、ただでさえ身長が低い

上、筋発揮パフォーマンスの測定結果からジャンプの高さでも差があることがわかっています。しかしながら、筋の出力を測定する等速性筋力テストでは、ヨーロッパ強豪国選手の数値よりもむしろ高い結果が出ています。

こうした結果から、日本人のストロングポイントである、持久的、高強度パフォーマンスを維持しつつ、筋量増加とともに動きの機能を改善するエクササイズ（コアトレーニングやムーブメントプレパレーション）を通して、現代サッカー選手に必須であるスピード・パワーの要素を向上させていくことが課題となっています。

4.　サッカーの環境対策

最後に、サッカーにおける環境要因への対策に関する科学的アプローチを紹介します。サッカーは、世界中で親しまれているスポーツなので、世界の様々な環境下で試合を行わなければなりません。アジア地域を例としても、オリンピックやW杯のアジア予選は、中東や東南アジアの暑熱環境だけではなく、中央アジアの高地環境で試合を行う可能性もあります。ここでは、サッカー競技に対する環境への対策について、日本サッカー協会が行ってきた事例を紹介します（安松, 2010）。

まずは、高地（低酸素）環境に対する対策です。2007年に、サッカーのパフォーマンスに対する高地の影響を示す興味深い研究報告がなされました（図7）。サッカーW杯の南米予選の結果から、ボリビア（海抜3600m）やエクアドル(海抜2800m)など標高の高い国や地域の代表チームは、自国・地域よりも標高の低い国や地域（ブラジルやアルゼンチンなど）と対戦する際、海抜差が大きくなるほどホームでの勝率が高かったことが報告されたのです（McSharry, 2007）。日本代表選手においても、1995年にエクアドルで開催されたU-17世界選手権では、日本国内で行ったアジア予選よりも5分間当たり約20m減少した

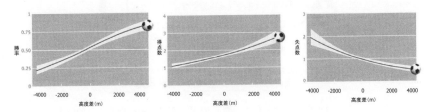

図7　南米サッカーの試合において高度差が試合結果に及ぼす影響（McSharry, 2007）

ことが日本サッカー協会科学研究委員会により報告されています。これらの報告は、高地での試合への対策の必要性を示唆するものであると考えられます。FIFAの医学委員会からも、海抜1500m以上のスタジアムでの試合に向けては、特別な準備が必要であることが示されています（Bartsch et al., 2008）。

　近年では、海抜2000m前後のスタジアムが存在した、FIFA W杯2010南アフリカ大会に向けた日本代表チームの取り組みが有名です（図8）。一般的に、海抜1500-2000 mでは試合前2週間、現地で高地順化する必要があると考えられています。そこで、当時の日本代表チームは、本大会の3ヶ月前に代表候補選手に対する貧血チェック等の生理学的検査と低酸素環境室での運動テストを行い、対策が必要な選手に対して自宅でできる低酸素吸入トレーニングを施していました。そのため、スイスの山岳地における事前キャンプへスムーズに移行することができました。事前キャンプ中も、尿成分分析によるコンディションチェックを行い、選手をきめ細かくサポートしていました。これらのコンディションチェックは、さらなる取り組みである暑熱環境対策でも活かされていくことになります。

　近年、サッカーの世界では、暑熱環境への対策が注目されています。その理由は、2022年 FIFAW杯が、酷暑環境である中東のカタールで開催されるからです。カタールの首都ドーハの平均気温は、従来大会が行われる6月だと平均42℃に

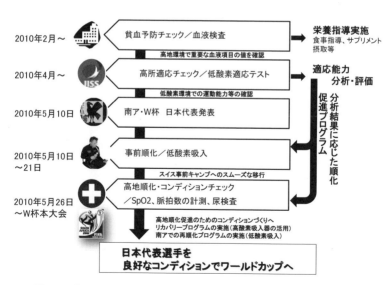

図8　日本サッカー協会としての南ア W杯・高地対策の取り組みの概略
（杉田と早川，2010）

到達してしまうことから、開催時期を冬にずらすことも検討されています。日本国内では、日本サッカー協会の科学研究委員会の「暑熱対策研究プロジェクト」などから、夏季公式大会における選手やレフェリーの生体負担度、およびサッカーのパフォーマンスに関する調査研究が数多く行われてきました。たとえば、全国高校サッカー選手権（冬季開催）と高校総体（夏季開催）を比較したデータによると、夏季の試合では、冬季の試合と比較して運動量の減少、オフェンスラインとディフェンスライン間の距離の約5mの伸長、試合中の状況把握回数の減少がみられます（戸苅ら，1998）。

こうした暑熱環境が及ぼす悪影響を最小限に抑えるための科学的根拠がある暑熱環境対策としては、暑熱順化、水分補給、および体冷却があげられています。暑熱順化については、冬季にサッカー日本代表が中東や東南アジアでアジア予選を戦う場合、少なくとも4日前に現地入りし、皮膚血管と汗腺活動の活性化と発汗機能の促進を行っています。水分補給は、パフォーマンスの低下を防ぐだけではなく、暑熱環境下での熱障害の予防という点からも大変重要です。大事なことは、水分を口から胃に入れることではなく、胃から腸へ排出し吸収させることです。エネルギーや汗により失った電解質の補充、さらに吸収の速さを考えると、塩分と糖分をほどよく含んだ飲料が推奨されます。スポーツ飲料の中でも、栄養成分表示の糖分（炭水化物）が3-8 g /100ml で、塩分（ナトリウム）が40-80mg/100ml のものが勧められています。量とタイミングについては、胃から腸への吸収速度を考慮し、15-20分ごとに250ml 前後の量を摂取することが推奨されています。

また、過度な体温上昇が運動パフォーマンスの制限因子になることから、体冷却も重要です。これまで日本サッカー協会では、暑熱環境下で開催されたFIFAW 杯 2014 ブラジル大会と 2016 リオ五輪に向けた準備において、科学的な知見に基づく暑熱順化の場所・期間のプランニング、現地でのトレーニング、および試合後のリカバリー方法を実践してきました。そして、暑熱環境での開催が予想される 2020 年東京五輪と 2022 年 FIFAW 杯カタール大会に向けて、国立スポーツ科学センターと連携しながらすでに様々な実践的研究が進められています。

【参考文献】
戸苅晴彦（2004）「競技力向上とスポーツ科学—サッカー先進国の事例を中心に—」，鈴木守・戸苅晴彦編『サッカー文化の構図』道和書店，165-182.

安松幹展（2016）「サッカーにおけるゲームフィジカルデータの活用」統計，8-13，7.

大橋二郎（1999）「サッカーのゲーム分析―その手法と現場への応用」バイオメカニクス研究 3(2)，119-124.

Bangsbo et al., (1991) Activity profile of competition soccer, Canadian Journal of Sports Science, 16, 110-116.

Mohr et al., (2003) Match performance of high-standard soccer players with special reference to development of fatigue, Journal of Sports Sciences, 21, 519–528.

FIFA (2014) 2014 FIFA World cup Brazil Technical report and statistics, 2014.

FIFA (2015) Laws of the Game 2015/2016.

安松幹展（2005）「Chapter 4，サッカーに必要な体力，コンディションの評価法」日本サッカー協会スポーツ医学委員会編『選手と指導者のためのサッカーの医学』金原出版，pp.32-46.

安松幹展・広瀬統一（2010）「フィジカルチェック結果からみた日本人選手の特徴」トレーニング科学，20(4)，307-312.

Bangsbo, Training and testing the elite athlete (2006) J Exerc. Sci. Fit, 4(1): 1-14.

JFA 技術委員会フィジカルフィットネスプロジェクト（2006）「JFA フィジカル測定ガイドライン 2006 年版」，（財）日本サッカー協会.

Bangsbo et al., (2008) The Yo-Yo intermittent recovery test- A useful tool for evaluation of physical performance in intermittent sports, Sports Med., 38(1): 37-61.

Cometti et al., (2001) Isokinetic strength and anaerobic power of elite sub-elite and amateur French soccer players, Int. J. Sports Med., 22: 45-51.

安松幹展（2010）「第Ⅸ章サッカーの環境対策」，戸苅晴彦・池田誠剛編『サッカーのコンディショニング―ベストパフォーマンスづくりの理論と実際』大修館書店，125-148.

McSharry, Altitude and athletic performance (2007): statistical analysis using football results, BMJ, 335:1278-81.

Bartsch et al., (2008) Consensus statement on playing football at different altitude, Scand J Med Sci Sports, 18 (Suppl.1): 96–99.

杉田正明・早川直樹（2010）「サッカーにおける高地順化とコンディショニング～2010FIFA ワールドカップ南アフリカ大会における取り組み～」トレーニング科学，22(4)，287-291.

戸苅晴彦ら（1998）「暑熱下におけるゲーム中のパフォーマンスの変動」日本体育協会スポーツ医・科学研究報告，No.Ⅶ ジュニア期の夏期トレーニングに関する研究―第 1 報―，67-74.

サッカー指導者論
──現場で監督は何をしているのか──

小井土正亮
筑波大学助教　蹴球部監督

1.　はじめに

　今日は、サッカーの指導者が何を考え、何をしているのかについて、私自身が行っている指導をもとに紹介します。まず、私が指導する筑波大学蹴球部を紹介したいと思います。筑波大学は、東京高等師範、東京文理科大学、東京教育大学と辿り、場所をつくばの地に移して以降、現在の名称となっています。筑波大学蹴球部は、前身となる東京高等師範「フットボール部」が設立された1896年から、2020年で125年目となります。FCバルセロナ（スペイン）やACミラン（イタリア）の創立が1899年ですので、我々は、世界的な名門クラブよりも伝統があると自負しています。私は、伝統ある組織に携わっている一人の人間として、先輩方が築きあげてきた歴史やそこで培われてきた文化といった背景を理解した上で指導にあたることが重要であると考えています。

　2017年の部員は、161人です。入部に関しては、誰でも可能としています。サッカー推薦による学生のみを受け入れる強豪大学もありますが、筑波大学は、サッカーを愛し、一生懸命取り組む人間には門を開いている組織です。筑波大学には、体育専門学群という体育・スポーツ系の学部があり推薦入学制度が存在しますが、蹴球部に入ってくるのは各学年5人程度です。部員の大半はセンター試験を受け、一般受験で入学し、蹴球部の門を叩く学生です。図1にチームの組織図を示します。全体で5チーム体制になっており、私は、監督としてトップチームの指導と全体の統括をおこなっています。その他のチームは、主に大学院生や研究生が指導にあたっています。これから指導者になる卵たちの指導、つまり指導者養成も私の主たる役割となっています。

　2017年には、プロ・アマ問わず日本一を争う天皇杯という大会で、Jリーグ創

筑波大学蹴球部

▸ 創部1896年　（＝122年目）
　→東京高等師範→東京教育大→筑波大

▸ 部員161名（5チーム体制：2017シーズン）
　→「開かれたクラブ」（≒来る者も拒まず）
　　各学年約40名（うち推薦入学者5名）

		監督		
Top Team	B1 Team	TSC	B2 Team	B3 Team
福井 一城 (M1)	久野 幹也 (M2)	都司 拓実 (研)	大泉 優真 (M1)	板谷 隼 (M1)
中嶋 円野 (M1)	有江 卓 (M1)		屋 京典 (M1)	山本 大貴 (研)
深山 知生 (M2)				
藤本 晃央 (M2)				

図1　筑波大学蹴球部組織図（2017シーズン）

設以降、大学チームとしては史上2校目のベスト16進出という結果を出すことができました。この大会では、J1のベガルタ仙台にも勝利を収めることができました。その試合では筑波大学が先制後、2点失い、1対2とリードされるという展開でした。私もベンチにいて、もはやこれまでかなとも感じていましたが、選手が最後まで諦めずに戦ってくれました。2つの大きなピンチを切り抜け、その後2点を加え逆転、最終的には相手のホームスタジアムで3対2での勝利を収めることができました。私がこのゲームの90分で描けていたストーリーは、2割程度だったと思います。サッカーというスポーツでは、それくらい予測できないことが多く起きます。相手チームの選手交代、戦術・システムの変更等を見極め、打つ手を変えていかなければいけません。決勝点をアシストした選手は、残り15分で交代出場した選手です。スターティングメンバーとして出場してもおかしくない選手ですが、苦しい展開になった時、最後に切り札として取っておきたいと考え温存した選手です。試合の内容がクローズアップされがちですが、今日は、ピッチ外での準備についても指導者論として紹介します。

2.　ピッチ外での準備：パフォーマンス局の設置

　筑波大学蹴球部では、様々な役割を分担し、運営しています。総務、会計、普及、審判活動等ありますが、それらとは別に部員個人の自由意思に基づいた参加型のパフォーマンス局という2015年より実施している活動について紹介します。筑

波大学蹴球部では、サッカーに科学的なアプローチを取り入れるため、ゲームア
ナライズ班やデータ班など9つの部門により構成されるパフォーマンス局を設置
しています（図2）。160名を超える部員のうち、70名ほどが活動しています。
もちろん、トップチームで活躍する選手も在籍しています。活動の一例として、
ゲームアナライズ班は、自チームや対戦相手のゲーム分析、世界各国のリーグ戦
の分析に取り組み、部員に還元している部門です。ゲームアナライズ班で活躍す
る鍵野洋希選手、浅岡大貴選手の談話について紹介します。

　鍵野選手：大会に向けて、「どこがチームのストロング（強み）なのか」を
　探そうとしています。私は選手としてトップチームでプレーしたことはない
　ですが、そこに関われるのは大きな経験だと思っています。脇役ですが、選
　手がいかに相手の情報を知ってリラックスした状態で臨めるかは私たちにか
　かっていると思っています。
　浅岡選手：小井土監督に、「こういう映像が欲しい」と言われたときに出せ
　るよう、普段からゲーム見てタグ付けをして映像をストックしています。「今
　週はクロスから点取りたいからクロスの映像欲しい」と言われたら、すぐク
　ロスのシーンを検索して、つなぎ合わせるだけという状態にしています。筑
　波大学に来てこういう作業をするまでは、漠然とサッカーしていたのですが、
　映像を見てシステムのかみ合わせに気づくことができました。頭が整理され

図2　パフォーマンス局一覧

た状態でピッチに出られるので、パフォーマンス局をやっていて良かったと感じています。また、気づいたことを自分の中にとどめるだけでなく、周りに伝えることもできるので、ピッチの中に生かされていると感じます。

（スカイパーフェクト TV 取材内容より）

　鍵野選手のインタビューにもあるように、「トップチームでプレーできる力はないが、筑波大学を強くするために貢献したい」といった部員の思いが、パフォーマンス局の活動の中心にあります。パフォーマンス局内の「メンタル班」では、スポーツ心理学研究室の学生が中心となり目標設定の講習をおこなったり、「ニュートリション班」では、スポーツ栄養学研究室の学生を中心に食事に関する調査、改善の活動をおこなったりしています。パフォーマンス局は、部員 161 人全員がチームの勝利、個々のパフォーマンス向上を模索し続ける、意思の集合体であるといえます。

　私が筑波大学で指導に携わり始めたシーズンは、関東大学サッカーリーグ 1 部で 11 位という結果に終わり、2 部に降格しました。筑波大学蹴球部は、戦後一度も 1 部からの降格を経験したことがなく、120 年の歴史上最低といえる状態でした。このままではさらにどん底へ落ちていきかねないという状況で何をすべきなのか。部員のサッカー選手としての能力を高める、チームとしての戦術を植え付ける等いろいろありますが、まずは部員全員が同じ方向に向かなければならないという思いがありました。サッカーの上手い下手は関係なく、161 人のパワーがあれば何でもできるんだ、という自信を持たせたいという思いで、このようなピッチ外での取り組みをおこなってきました。パフォーマンス局で活動する選手の中には、シンガポールのチームとプロ契約した選手もいましたが、選手としてのキャリアを終えた後は、J リーグの分析担当として活躍したいという目標を持っています。トップチームでプレーしたことがないと話していた学生は、今春より大学院に進学し、コーチングを学び、将来は J リーグの監督になりたいと本気で考えています。パフォーマンス局の存在は、進路にも影響を与えるようになってきています。

3.　ピッチ内での準備：指導理念と指導法

3.1　指導者としてのサッカーのとらえ方
　ここからは、私がサッカーの指導者としてサッカーそのものをどう捉えて、ゲ

ームに勝つためにどのような働きかけを選手たちへおこなっているのか、ピッチ内での取り組みを紹介していきます。まず始めに、私自身のサッカー観について紹介します。私は、サッカーを（1）カオス（複雑性が高い）、（2）人間性が出る、（3）感性・感情＞思考・知識、なスポーツであると捉えています。

「カオスな複雑性の高いスポーツ」という点については、様々なスポーツの専門家の方とお話しする中で気付いた部分でもあります。サッカーのパフォーマンスや勝敗には、他の種目と比較しても、足でボールを扱う、屋外で行う、22人という大人数で行う、広いピッチで行う、タイムがない、攻守が連続している、天候、ピッチ状態の影響が大きいなど、多くの要素が複雑に絡み合っているからです。そのため私は、それら全てをコントロールするというのは不可能であるという立場をとっています。その一方で、11対11でボールは1つ、ゴールがある、といったルールも存在します。ルールがある以上、角度が1ミリ違えばゴールネットを揺らしていたという場面でもゴールにはなりません。もちろん実力といえば実力ですが、偶然の要素も非常に大きいスポーツであるという認識を大切にしています。カオスなサッカーというスポーツに対して、ゲームに対する「準備」は、非常に重要です。ですが、普段のトレーニングから「この場面ではこう動く」というような、指導者が答えを与え続けたとしても、実際のゲームでは、その答え以上のものが起きます。パスをしたら動くと教え続けても、状況によっては動かないほうがいい場合もあります。指導者が答えを与えすぎることでマイナスにはたらくことも非常に多いと考えています。そのため、いわゆるパターントレーニングではなく、自然発生的に指導者が求めているプレーが選手自身から出てくるように、トレーニングを考案しています。どうやったら状況を解決できるかを考え、すぐに頭のスイッチを切り替えられる習慣を作ることを意図して、トレーニングの中でもあえて頭の中に「？」が浮かぶよう設定することもあります。また、どんな状況でも楽しめるようなメンタリティは非常に重要です。ゲームになって初めて遭遇する状況でパニックになってしまわないように練習の中で試合のあらゆる場面に対する「準備」をおこないます。

次は、「人間性が出るスポーツ」という点についてです。サッカーでは、相反する2つの人間性が併存することがあります。例えば、ボールを保持した相手からボールを奪うには、身体をぶつけにいく、相手に強く寄せるふりをして相手のミスを誘うなどの選択肢があります。時には身体を張ったプレーが求められることがあります。試合終了まで残り5分、2点差で負けている状況で、戦う（闘争）のか、逃げ出す（逃走）のか、どちらの「トウソウ」を選ぶのかで勝敗が決まる

ことがあります。さらには、蹴球部の中でいえば、切磋琢磨、レギュラー争いのような、160人の「競争」があり、一方で、部員全員で勝つための雰囲気を創り出すという「協創」というように、2つの「キョウソウ」も存在します。選手個々が自分の我を強く持つ面もありながらも、ゲームに出る選手に対するリスペクト、支えてくれるチームメイトに対するリスペクトが同時になければ、殺伐とした雰囲気となり、勝ったとしても誰も喜べない組織となってしまいます。組織として活動しているからこそ、部員一人一人の人間性が重要であり、そのバランスをとることも難しいと感じます。選手の人間性という面に関して、具体的にはたらきかけていることは、「日常がピッチに出る、人となりがプレーに反映されるという認識のもと、普段の立ち振る舞いに対しても、高いレベルを要求する」ということです。例えば、日常で目の前にごみが落ちているとします。人間性の面では、まず、そのごみに気づくかどうか、次にそれを拾って捨てるかどうかが問われます。「気づく」と「行動する」にも、大きな隔たりがあります。日常生活ですぐに行動できる選手は、サッカーの場面でもすぐに行動に移せると考えています。みなさんのなかにも、中学・高校時代に運動部の先生から、「挨拶をしなさい」と指導された人もいると思います。私は、挨拶を儀礼的なものではないと選手に伝えています。いつも顔を上げて歩き、目の前の状況に気を配ることが大切なのです。挨拶ができない人、あるいは選手は、普段から下を向いていて、目の前に知り合いがいても気がつけません。そういう選手は、結局ゲーム中も顔を上げられない、仲間とコミュニケーションが取れない、状況に気づけません。私も、中学・高校時代に「挨拶をしなさい」と指導されてきましたが、その当時は真意を理解できませんでした。ですが、今思うと、日常生活のちょっとした立ち居振る舞いや、そこでの何気なく出る本性が、結果的にピッチに表れると考えるようになりました。また、普段から支えてくださる方への感謝の念を持つ、自分がピッチに立つためにどれだけの人が応援してくれているのかを考えるなど、プレーそのもの以外の面について選手が考えるよう、事あるごとに機会を設けています。

　最後は、「感性や感情が思考や知識よりも比重の高いスポーツ」だということです。例えば、2017年の天皇杯3回戦、対アビスパ福岡での1点目のシーン（地面スレスレのクロスボールをダイビングヘッドで押し込む）。私には、このようなヘディングシュートを打つことは教えられません。この瞬間に、この選手が何か考えたかというと、何も考えてないと思います。まさに本能でプレーしているはずです。この得点について分析すると、成功させるためのさまざまな要素が考えられます。この態勢から頭で大きくボールの角度を変える技術、体勢を崩さな

いフィジカル、飛び込む勇気など、いくらでも挙げられます。ですが、そのすべてを指導者は教えることができません。ではこの少し前の場面、得点をあげた選手は何を見ていたかわかりますか。

学生Ａ：オフサイドにならないように、ボール保持者の状態を見ながら、相手守備者と駆け引きをしてスペースを探しています。

　そのとおりですね。シュートの少し前の場面は、思考が優位な場面であると理解できます。実際に本人は、ここまで言語化していないと思いますが、「このままではオフサイドだから、ステップを踏みながらオフサイドにならないように」と考えながらプレーしていたと思います。ここは、指導者が教えられる部分でもあります。一方で、最後のシュートの局面は、非常に感覚的な部分であり、私が教えられる範疇を超えています。私は、サッカーの指導の中で、教えられる部分と教えられない部分があることを理解し、伝えるべき内容を整理するようにしています。言い変えれば、全て教え込んでしまうことは、研ぎ澄まされた感覚や瞬時の動物的な本能のようなななものを奪ってしまうと考えています。思考が働きすぎてしまうと、瞬間的・感覚的なプレーが鈍ってしまいます。練習では、いかに思考させすぎず、感性・感情を優位に働かせるかを工夫しています。

　具体的には、トレーニングにおいて、とにかくスピードを要求します。一般的なサッカーの指導教本では、認知、状況判断、実行という順序でプレーさせるべきであると解説されています。ですが、私の感覚的には、実際にそれが適用できるのはプレー全体の30％程度だと思っています。残りの70％は、瞬間的に反応・反射・習慣化されたプレーの連続です。そのため、トレーニング中は、速く、速く、と要求し続けています。また感情については、日頃のトレーニングからむき出しにするよう伝えています。日常から本当に目の前の選手と真剣勝負し、感情を前面に押し出してプレーできる環境をつくっています。ゲームのときだけ頑張ってテンション上げてやろうとしても、それでは完全に非日常的な世界になってしまいます。ゲームであれだけ喜びを爆発させられるのは、日頃のトレーニングから感情を爆発させているからです。

（2）トレーニングに対する考え方

　トレーニングや練習に対して大前提としている考え方は、「トレーニングそれ自体が目的ではない」という当たり前の事実の認識です。トレーニングで汗をか

き、辛い思いをして、「俺たちはこれだけ頑張った、だから勝てるはずだ」というような価値観が日本のスポーツ文化にあると感じています。私たちのチームは、そのような達成感を目的とはしていません。「試合で良いパフォーマンスを発揮することが目的であり、そのための手段がトレーニングである」という当たり前の認識を、チームに浸透させています。それは、トレーニングスケジュールにも反映されます。シーズン前は、基本的に3回トレーニングしたら1日オフです。中学・高校の部活動では、盆と正月の2日だけがオフで、それ以外は毎日トレーニングに明け暮れたというような話があたかも美談かのように語られることもあります。そのような競技生活を3年間継続することによる教育的な効果を否定する気はありません。しかし、サッカーというスポーツの特性を理解した上で、本気で勝つことを考え、運動生理学、心理学、トレーニング科学等の様々な学術的な知識を取り入れてトレーニングを立案すると、自然とこのようなスケジュールになるわけです。決して、楽をして勝とうと考えているわけではありません。さらにこのスケジュールは、1〜2ヶ月前に部員に渡しています。学生がオフの日に何をしているかというと、ゆっくり休養する、2日間のオフで帰省する、恋人とデートに行く、自分に必要なウェイトトレーニングをするなど、思い思いに過ごしています。要するに、自主性に任せています。オフの間にサッカーを忘れる、リフレッシュする、自分を見つめ直す時間を持つことも、トレーニングの一環だと考えています。これらは、サッカーのパフォーマンスを上げるために絶対に必要な時間だと思っているので、スケジュールは早めに渡し、オフの過ごし方は学生らに委ね、干渉しません。一方で、練習でピッチに立ったら、その瞬間から高い要求をし続けるため、選手たちは、トレーニングに対して緊張感を持って臨むことができます。自由でもありますが、ある意味では非常に厳しい環境ともいえます。

　また、新しいテクノロジーも積極的に取り入れるようにしています。近年では、日頃のトレーニングでも、GPSで選手のパフォーマンスに関するデータを集積しています。具体的には、その日のトレーニング内容、実施時間、運動強度、スプリント（24km/h以上のダッシュ）を測定し、一覧で見られるようにしています。ある1日のデータをご覧いただくと、トレーニング時間は約82分、その内で実際のプレータイムが66分、レストタイム（移動やトレーニングの説明を含む）が16分でした。サッカーの試合時間は90分ですが、Jリーグ2017シーズンの実際のプレータイムは、1試合あたり約55分でした。残りの35分間は、誰もプレーしていない状況であるということです。この日のトレーニング時間は、

82 分ですので、ゲーム時間の 90 分よりも短いという見方もできます。一方で、トレーニングにおける実際のプレータイムは 66 分ですので、ゲームよりも高い負荷をかけたと考えられます。トレーニングを見学しに来られた方の中には、「筑波大学はトレーニング時間が短いですね。そんなに楽をしていていいのですか。」と指摘を受けることもあります。ですが、この指摘は、実際のチームのトレーニングにはまったく当てはまりません。トレーニングでは、実際のゲームよりも長時間「プレー」をしていて、ボールを速く・多く触るトレーニング、ボールを相手にとられないで保持し続けるトレーニング、実際のゲーム場面で起こり得るシュート・ボールクリアのトレーニング、そしてゲーム形式のトレーニングと、様々な要素が詰め込まれています。すべてトレーニングが、実際のゲームから逆算し、実際のプレー時間、かかる負荷、起こり得る状況を綿密に計画されています。それが、選手の能力を高めていく一番の方法だと考えています。そう考えると、一回あたりのトレーニングは、実際のプレー時間を 60 分以上確保した上で 75 分程度が限度だと思います。新しい技術の活用は、トレーニングの合理性を高め、選手にとっても毎回のトレーニングでゲームよりも動き、身体も頭も疲れているという状況を作り出すことに貢献しています。

4. ゲームに向けておこなっていること
——2017 年アミノバイタルカップの事例から

　ゲームに臨むにあたって、特にメンバーの選考における監督の役割について考えていきたいと思います。私はメンバー選考において、「実践知」という考え方を大切にしています。「何かができている」ということは、その背後には何かしらの知恵があり、その知恵をもとに行動しているはずだというのが実践知の前提になります。その上で、実践知には、「わかっていないができる」という「暗黙知」、および「わかっているしできる」という「形式知」の 2 つの知があります。実践知を得るためには、現象学的反省分析という方法を用います。具体的には、「自分の行動・思考について、ひたすら自分自身の主観をつかって客観的に考える努力をしていく作業」のことです。ここでは、メンバー選考について、監督である私自身が、「ここだけは欠かすことのできない本質」、つまり「実践の知恵＝実践知」を納得できるまでとことん追考していった事例を紹介します。

　アミノバイタルカップという、大学日本一を決める大会の関東予選を兼ねた大会でのことです。大会は、32 チーム参加のトーナメント戦、3 回戦進出以上の 8

チーム中7チームが全国大会出場権を得られるという状況でした。つまり、3回戦で勝利した4チームは全国大会への出場権が得られた上で準決勝・決勝へと進み、3回戦で敗退した4チームが5〜8位の順位決定戦へ進み、うち5〜7位のチームが全国大会に出場できるという状況です。さらにこの大会は、9日間で最大5連戦を戦うという非常に厳しい短期決戦です。我々は5試合を、大幅にメンバーを入れ替えながら戦いました（図3）。1から2戦目は7人、2から3戦目は5人、その後も7人、8人と選手を入れ替えました。私としては、トーナメントを勝ち抜くためにはこの方法しかないと必死に考えた結果でした。決勝戦では延長戦含めスコアレスでしたが、当時のチーム力からすると決勝進出は大きな成功でした。その際に監督である私が何を考え、どのように選手と関わってきたのかを反省分析によって追求した結果について紹介させていただきます（小井土ほか、2017）。大きくは、（1）選手の観察と配慮、および（2）緊張感と期待感の統制、でした。

　私がおこなった事の1つ目は、とにかく選手を観察し、選手との接しかたについて多大な配慮をしたことでした。日頃のトレーニングでのプレーはもちろん、選手の細かなしぐさにまで目を配り、見逃さないようにしていました。例えば、3回戦神奈川大学とのゲームでは、前半を0対3の劣勢で折り返しています。サッカーにおける0対3は、絶望的状況ですが、実際には後半に5得点を挙げて勝つことができました。このとき監督である私は、サブメンバーのAという、

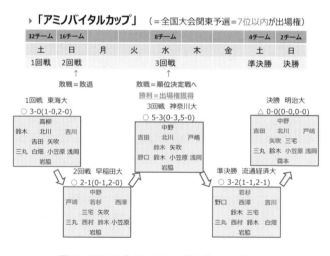

図3　アミノバイタルカップレギュレーション

非常に負けん気が強い選手を、前の2回戦では起用していませんでした。2回戦の対戦相手は、当該シーズンのリーグ戦優勝校で、負けたら先に進めないという状況でした。彼を起用しなかったのは、本人の負けず嫌いなパーソナリティに火がつき、3回戦での活躍に期待したためでした。しかも彼には、2回戦終了後、一言も声をかけませんでした。彼からすると、「ふざけんなよ、小井土」という状態であったと思います。しかし私としては、この選手を3回戦に残しておくことで、他の選手が疲れている中、怒りにも似たパワーで爆発してくれるのではないかという判断がありました。他にも、3回戦は、レギュラークラスの選手を後半に温存していました。対戦相手は、1、2回戦を同じメンバーで戦ってきたため、3戦目では、間違いなく後半20分以降にパフォーマンスが落ちると読みました。そのため我々は、連戦出場になっていないコンディションの良い選手を終盤に投入し、試合終了10〜15分前で逆転していくという戦略しかないと判断しました。対戦相手の情報はもちろん重要ですが、自チームの選手のパーソナリティ、コンディションを日頃から見極め、情報収集し、その上で選手に対して期待の言葉を「かける」、あるいは「あえてかけない」という判断を大切にしました。さらに、監督として選手をピッチに送り出す際には、「いついつの、どのようなプレーで大丈夫だから」と具体的に伝えることを重視しました。このような具体的な言葉がけは、監督から「観られている」という安心感につながります。私の立場からすると、蹴球部全体で160人、トップチームだけでも30選手のプレーや立ち居振る舞いや細かいしぐさをチェックし、記憶するのは、非常に困難です。それでも細かいところまで観察し、「あのときのあのプレーがよかった」という言葉をいつ、どのような場面で、タイミングで伝えるのかについては、本当に慎重にしています。

　2つめは、緊張感と期待感です。選手は、「ゲームに出場できないな」と感じると、気持ちも落ちてしまい、パフォーマンスにも影響を及ぼします。人間は、感情のある生き物なので、「自分にも出場チャンスがあるかも」というように、選手のモチベーションを「宙ぶらりんの状態」に維持することに努めました。また、アミノバイタルカップでとったような大幅にメンバー入れ替えるという采配には、戦術が全く機能しないという危険戦もはらんでいます。大幅に選手を入れ替えるような起用法では、ゲーム中に「あれ、そこに味方がいるはずなのに」というような不具合を起こし、チームが機能不全になるのを防ぐことが重要です。このような戦術を用いるために、長期間にわたり、トレーニングの中に大幅なメンバー入れ替えに向けた要素を少しずつ組み込んで準備を進めてきました。例えば、ゲ

ーム形式のトレーニングの何気ない組み合わせの中に、様々なメンバー配置を組み込んでいきます。このような準備を積み重ねることで、タイトルのかかった公式戦であっても、選手が咄嗟に「いつもと同じような感覚でやればいいんだ」ということを肌感覚で理解し、実践することができるようになります。

　このような実践知は、自分の実体験を振り返り、記述することで得られたものです。

　このような知見や考え方は、「当たり前のこと」ともいえますが、上手くチームをマネジメントし勝たせるための準備として、必要なものであるように感じます。

5.　ゲーム中における監督の思考

　最後は、ゲーム中に考えていること、おこなっていることについてお話しさせていただきます。私のサッカーの捉え方が大きく出るのが、ゲーム中の立ち振る舞いであると感じます。

　冒頭で私のサッカー観として紹介しましたが、「サッカーはカオスなスポーツである」という前提でいつもトレーニングを計画し、実行していくと、ゲーム中もほぼ想定内のことしか起きません。実際に努力でコントロールできるのは20％だと感じますが、それ以外の部分に関しても、ほぼ事前にシミュレートできていて、トレーニングの中で取り組んでいる内容です。私が試合中にできることは、選手がいかなる場面でも適切な技術・戦術を実行に移せるよう、必要なメンタリティや自らの持っている身体的な能力の発揮し続けるように要求することだけです。私は、ピッチの中で戦うことはできないわけですから、選手への言葉がけ、最善の選手交代、ハーフタイムの使い方、ピッチ脇に立って、指示を誰にどう伝えるのかということに集中します。このような能力を高めていくことは、監督・指導者として当然の仕事であるといえます。

　心がけていることとしては、選手の論理や思考をはたらかせすぎないことです。例えば、ゲーム中にタッチラインから一番近くにいるサイドバックに対して、「いけ」「止まれ」「寄せろ」というように、細かく指示を出される指導者もいます。そうすると選手は、耳からの情報を頭で理解してからプレーをするようになります。つまり思考がはたらいてしまい、選手の本能的なプレーを導き出すことが難しくなります。一例ですが、ベンチから遠いサイドのラインに向かって「○○！××しろ！」と叫んだところで、ベンチサイドに近い他の選手らには内容が伝わ

りながらも、肝心な当該選手に伝わらずに大混乱を招くといったことも多々あります。例えば、観衆6万人の日本代表の試合でハリルホジッチ元日本代表監督が大きい声で指示を出す場面は多く見られましたが、選手たちには全く聞こえていなかったはずです。たとえ500人程度の観客だったとしても、監督からの指示は、あまり聞こえていないように思います。そうであればゲーム中、選手に対して、監督やベンチを気にするような無駄なエネルギーを使わせないことが重要になります。伝わらないメッセージをいくら発信し続けても意味がありませんよね。つまり、ゲーム中にいかに選手の思考を働かせないかということに、重点をおいています。ただ、時として、ゲーム中はピッチ脇に立って感情を表に出すふりをすることもあります。その時は、「監督も一緒に戦っているな」という空気感をつくることを意識しています。監督の思考や感情を言葉に出すと、選手たちの思考は否が応にも働いてしまいます。ゲーム後も一喜一憂しません。もちろん、勝つための準備に全力を注いでいる以上、勝利には執着していますが、それまでのプロセスを大切にしています。100％の準備ができたのであれば、目の前の結果よりも、その後の成果や成長を重視しています。

　あくまでもわれわれが目指しているのは、「いい選手、いいチーム、いい指導者」という筑波大学蹴球部の理念です。理念を体現するためには、ひたむきに努力していかなければなりません。我々には、筑波大学、前進である東京高等師範蹴球部の歴史が骨の髄までしみついています。それは、東京教育大学蹴球部、現在の我々筑波大学蹴球部の先輩方から脈々と続く伝統として引き継がれています。「いい」という言葉の定義は、その時々の時代背景やサッカーのトレンドにより異なります。ですが、我々は、「今日のゲームで自分は、自分たちは成長できたか」「今日のゲームでは筑波大学蹴球部の理念を表現できたか」という部分を、最終的に一番大切にしています。

　「ゲーム終了の笛は次のゲームのキックオフの笛」という言葉があります。終了の笛が鳴った瞬間に気を休めるのは、一瞬だけです。次のゲームに向けて、「今日のゲームでできたこと、できなかったことはなんなのか、そして、いい選手、いいチームになるためにはどうすべきか」ということを、次の瞬間から考え、計画を練り、実践していくという毎日を繰り返しています。

6.　まとめ

　「学ぶことをやめたら教えることをやめなければならない。」これは、私がいつ

も心に留めているロジェ・ルメールさん（元フランス代表監督）の言葉です。全ての人に通ずると思いますが、まさにその通りではないでしょうか。指導者と選手というのは、「学ぶ」「教える」がパラレルではなく、「学ぶ人」「教える人」といった関係性でもなく、指導者も学び続ける心を持ち、互いに学び、成長しあう関係性にあると考えています。私自身も選手から多くのことを学びますし、サッカーに限らず様々な事柄から吸収する姿勢を持ち続けています。蹴球部の学生も同様に、指導者から学ぶだけではなく、例えば、パフォーマンス局の活動を通じて人に伝える、教える側に立つこともあります。双方向に学び、教え、試行錯誤しながら日々継続していくというのが、筑波大学蹴球部のやり方、あり方、であり、これまで先人たちが培ってきた伝統でもあります。このような伝統の継承と発展は、これから先、さらによい組織になっていくために大切なことなのだと考えています。

【文献】

小井土正亮・原仲碧・中村剛（2017）「サッカー競技会における監督のメンバー選考に関する実践知：短期トーナメント方式の大会における事例を例証として」，スポーツ運動学研究，29，pp.29-43.

あとがき

　本書は、「サッカーを学問というフィルターで見ると、試合の勝敗やプレーといった要素とは違った面白さが見えてくる」、そんなメッセージの詰まった一冊になっています。この書籍のもとになったのは、2017年度に上智大学にて開講された「身体・スポーツ・社会Ⅰ：一流研究者が料理するサッカー・アラカルト」という大学の講義でした。講義が月曜5限目（17：00〜18：30）であったこともあり、講義後には、延長戦として酔い（ではなく宵）の情報交換会も開催されておりました。その席で、最後の講義をご担当いただいた筑波大学蹴球部監督の小井土正亮先生が、講義から引き続き「サッカーは不確定要素が多すぎてカオスなスポーツだ」だと熱心にお話しされていたことが印象に残っています。

　サッカーを競技スポーツとして捉え、選手や監督の立場から見ると、サッカーの持つカオス性は、厄介者であるように思います。島崎の担当した講義で紹介したAnderson & Sally（2013＝児島訳二〇一四）は、過去100年間の欧州リーグ・カップ戦、1938年以降のW杯のデータについて数理統計学的に分析をおこなっています。その結果、同一のカテゴリで争う場合には、サッカーの勝敗は基本的に「50対50」、すなわち半分は実力、半分は運であると主張しています。この50対50の前提の中で、日々の弛み無い試行錯誤と努力により1％でも相手よりも優位性を保ち、試合に勝つための準備をするというのは、正解の見えない極めて困難な道のりです。このような気の遠くなる準備のプロセスが、トーナメント戦などでは残酷なまでにはっきりと白黒ついてしまいます。その儚さ、やり切れなさが、勝利というものの価値を高め、サッカーを「する人」、「みる人」、「ささえる人」を魅了していくようにも思います。

　意味合いは少し異なりますが、今回の「サッカーを学問する」という試みは、これもまたカオスな取り組みでした。本書の構成からも読み解くことができるように、選手の身体能力やメンタル、コーチングのような一般にサッカーの書籍というと思い浮かぶトピックに始まり、歴史、民族、人種、社会、アイデンティティ、メディア、イベント、力学から、サッカーと演劇の身体論に至るまで切り口が恐ろしく多様性に富み、混沌とした企画となりました。この書籍のもととなった講義を受講した学生達にとっても、毎回何が飛び出すか予測不能な、非常に認知的負荷の高い科目であったように思います。さらに言うならば、通常このような企画は、「スポーツ○○学」といったように、スポーツ科学を生業にする人たちが集まって講義をする、あるいは原稿を執筆する企画のように思います。ですが本

書は、体育・スポーツを専門としない人も含めた「サッカー好きの研究者が自分の学問領域やフィールドから語る」という切り口を取り入れたことで、混沌とした空気感を一層強め、他にはない斬新な内容を生んでいったように思います。競技としても学問としてもサッカーでは、「カオスな空気感」がおもしろみを産む原動力のひとつであることを再認識させられたように思います。この書籍の刊行が刊行される 2020 年には、東京オリンピック・パラリンピックがあり、2022 年には、W 杯カタール大会も控えています。国際的なスポーツイベントは、サッカーはもちろん、スポーツの持つ力や価値を見つめ直す節目でもあります。この講義・書籍出版の契機である「大学」には、これらのイベントを単なるお祭りで終わらせるのではなく、サッカー、ひいてはスポーツの価値をアカデミックな視点から考えることで、学問としてのレガシー（遺産）を未来に残すという役割があります。本書が、サッカーの持つ力、奥深さを伝えるひとつのレガシーとなれば、編著者、著者一同これ以上ない喜びです。

　本書は、2018 年の W 杯ロシア大会の開幕と同時刊行という目標設定のもと、編著者・著者一同歩みを進めてまいりました。ですが、紆余曲折の末、2 年近く刊行が遅れてしまう事態となりました。出版自体が危ぶまれた中、手を差し伸べて頂き、本書に魂を込め、愛情と叡智を注ぎ、多大なる労を払っていただきました創文企画の鴨門 裕明様、鴨門 義夫様に記して感謝の意を述べさせていただきます。また、本書の元となった講義の開講にご理解をいただき、最後の講義には直接出向いていただきました上智大学文学部長の服部 隆先生、ならびに講義開講・書籍出版にご理解いただきました保健体育研究室の諸先生方にも感謝しております。最後になりますが本書は、2017 年度をもちまして上智大学を退官されました、編著者である大串哲朗先生のキャリアの集大成の一冊でもあります。第一章は、最終講義という形をとらなかった大串先生にとって 40 年余りに渡り奉職されました上智大学の教員として、最後の講義録となりました。書籍刊行に際しても、「はじめに」、そしてこの「あとがき」は、大串先生にご担当いただく予定の箇所でしたが、若い人たちに執筆の機会をと、山本敦久先生と私に託していただいた大串先生の人柄と生き様を感じながら、あとがきを書かせていただきました。講義での登壇の機会、ならびに書籍刊行の機会を与えていただきました大串先生、著者一同心より感謝しております。本当にありがとうございました。

2020 年 1 月 20 日　共編著者・著者一同を代表して

島崎 崇史

【編者・執筆者】

大串哲朗　　元上智大学教授　スポーツ方法学
山本敦久　　成城大学教授　スポーツ社会学
島崎崇史　　上智大学講師　スポーツ心理学

【執筆者】

山本　浩　　上智大学短期大学部教授・学長　イギリス文学
粂川麻里生　慶応義塾大学教授　近現代ドイツ文学・思想
有元　健　　国際基督教大学准教授　社会学
鈴木　守　　上智大学教授　スポーツ社会学
落合　博　　元毎日新聞論説委員　Readin'Writin'店主
栗原　毅　　元東海大学教授　イベント学
村田真一　　上智大学教授　ロシア演劇
浅井　武　　筑波大学教授　スポーツ科学
安松幹展　　立教大学教授　運動生理学
小井土正亮　筑波大学助教　蹴球部監督

サッカー13の視点　—13人の研究者によるアカデミックサッカー講義—

2020年3月25日　第1刷発行

編　者　　大串哲朗・山本敦久・島崎崇史
発行者　　鴨門裕明
発行所　　㈲創文企画
　　　　　〒101-0061　東京都千代田区神田三崎町3−10−16　田島ビル2F
　　　　　TEL：03-6261-2855　FAX：03-6261-2856　http://www.soubun-kikaku.co.jp
装　丁　　オセロ
印刷・製本　壮光舎印刷㈱